JRSBUCH DEUTSCH ALS FREMDSPRACHE



Anne Buscha
Gisela Linthout

# GESCHÄFTSKOMMUNIKATION

## VERHANDLUNGSSPRACHE

*Wortschatz, Sprechfertigkeitsübungen und ausgewählte Grammatik für Deutsch als Geschäfts- und Verhandlungssprache*

Hueber Verlag

5. 4. 3. | Die letzten Ziffern
2015 14 13 12 11 | bezeichnen Zahl und Jahr des Druckes.
Alle Drucke dieser Auflage können, da unverändert,
nebeneinander benutzt werden.
1. Auflage 2007

Redaktion: Monika Bovermann, Heitersheim
Umschlaggestaltung: Cihan Kursuner, Hueber Verlag, Ismaning
Umschlagfoto: © Image Source
Druck und Bindung: Ludwig Auer GmbH, Donauwörth
Printed in Germany
ISBN 978-3-19-091598-9

# Vorwort

Dieses Buch hilft Ihnen effizient, schnell und praxisorientiert Ihre Sprechfertigkeit im Beruf zu verbessern, unabhängig davon, in welchem Bereich Sie tätig sind.
Es ist in sieben Kapitel gegliedert, die jeweils von bestimmten Situationen und Sprechhandlungen ausgehen, z.B. Informationen erfragen, telefonieren, die Firma oder Produkte beschreiben, sich beschweren. Im ersten Kapitel finden Sie Hinweise auf deutsche Verhaltensnormen und Etikette, die nicht als „zur Nachahmung empfohlen" zu verstehen sind, sondern die Ihnen den Umgang mit deutschen Geschäftsleuten und das Verständnis für bestimmte deutsche Eigenheiten erleichtern sollen.
Die einzelnen Kapitel enthalten relevante Redemittel, damit verbundene Grammatikstrukturen und viele Übungen, bei denen Wortschatzerweiterung, Redegewandtheit und sprachliche Korrektheit Schwerpunkt und Ziel sind.
Sie können die für Sie wichtigen Abschnitte auswählen, andere wiederum weglassen, ganz nach Ihren Bedürfnissen.
Zum Buch gehören ein detaillierter Lösungsschlüssel und eine Begleitkassette mit Redemitteln und Beispieldialogen. Das Material kann sowohl von Selbstlernenden als auch in Kursen für Geschäfts- und Verhandlungssprache verwendet werden.
Sprachliche Voraussetzungen sollten das „Zertifikat Deutsch als Fremdsprache" oder 3 bis 4 Jahre Deutschunterricht sein.

# Inhaltsverzeichnis

# KAPITEL 1

| | |
|---|---|
| **Sprechhandlung/Situation:** | jemanden anreden/begrüßen<br>sich und andere vorstellen/verabschieden<br>Gäste empfangen<br>gute Wünsche aussprechen<br>Umgangsformen |
| **Grammatik:** | Verben: Gegenwart und Vergangenheit<br>Modalverben |

## 1. Begrüßung und Anrede

CD 1

**Redemittel: Begrüßung**

Guten Morgen! Guten Tag! Guten Abend! Grüß Sie! Hallo!
Grüß dich! Grüß Gott! Grüezi! Mahlzeit! Tag!

### Übung 1

**Ordnen Sie zu.**

| Wann? | Anredeform? | Wo? |
|---|---|---|
| morgens<br>abends<br>tagsüber<br>mittags | Sie<br>du | überregional<br>in Norddeutschland/in Süddeutschland/<br>in Österreich/in der Schweiz<br>vorwiegend im Betrieb |

| | | | |
|---|---|---|---|
| Guten Morgen! | morgens du + Sie überregional | Grüß dich! | ______ |
| Guten Tag! | ______ | Grüß Gott! | ______ |
| Guten Abend! | ______ | Grüezi! | ______ |
| Grüß Sie! | ______ | Mahlzeit! | ______ |
| Hallo! | ______ | Tag! | ______ |

## Übung 2

**Zu wem sagt man im Deutschen du, zu wem Sie ?**

1. zu fremden Erwachsenen: Sie
2. zu fremden Kindern: du
3. zu Verwandten: du
4. zu Menschen, mit denen man oberflächlich bekannt ist: ____________
5. zu Geschäftspartnern: ____________
6. zu Kollegen: ____________

**Sie:**

- fast immer
- Anrede in der Regel mit dem Nachnamen
- akademische Titel werden meistens mitgenannt.

Herr Schulz/Frau Große
Herr Dr. Krause (Dr. Krause)/Frau Dr. Schmitt
Herr Prof. Schön (Prof. Schön)/Frau Prof. Hagen
Heinz/Petra (in jungen Branchen)

**du:**

- zu Verwandten, Freunden bzw. guten Bekannten und Kindern (bis ca. 14 Jahre)
- Anrede in der Regel mit dem Vornamen

Andreas
Susanne

# 2. Vorstellung und Gesprächseröffnung

**Redemittel: Vorstellung**

CD 2

❍ Darf ich mich vorstellen, mein Name ist ...
Δ Es freut mich, Sie kennenzulernen.
Δ Nett, Sie (mal persönlich) kennenzulernen.
Δ Es freut mich, Ihre Bekanntschaft zu machen.
Δ Angenehm!/Freut mich!
❍ Ganz meinerseits.
❍ Darf ich Ihnen Frau/Herrn ... vorstellen?
❍ Haben Sie sich schon bekannt gemacht? Das ist Frau/Herr ....
❍ Darf ich Sie mit Frau/Herrn ... bekannt machen?

**Hören Sie die Dialoge.**

CD 3-4

**Redemittel: Gesprächseröffnung**

CD 5

❍ Guten Tag!
❍ Herzlich willkommen.
❍ Bitte kommen Sie herein./Bitte treten Sie doch ein.

- ❍ Möchten Sie (Ihren Mantel) ablegen?/Darf/Dürfte ich Ihnen den Mantel abnehmen?
- ❍ Nehmen Sie doch bitte Platz./Setzen Sie sich doch bitte./Wenn Sie bitte hier Platz nehmen würden.
- ❍ Möchten Sie etwas trinken? / Darf/Dürfte ich Ihnen etwas zu trinken anbieten ?
- ❍ Wie geht es Ihnen?
- ❍ Wie war die Fahrt/die Reise/der Flug?
- ❍ Haben Sie gut hierher gefunden?
- ❍ Waren Sie schon im Hotel?
- ❍ Sind Sie mit Ihrem Hotel zufrieden?
- ❍ Waren Sie schon mal in ...?
- ❍ Haben Sie heute Abend schon etwas vor?
- ❍ Wir möchten Sie gern ... einladen./Dürften wir Sie ... einladen?
- ❍ Wenn es Ihnen recht ist, würde ich Ihnen unsere Firma erst einmal kurz vorstellen.
- ❍ Ich würde vorschlagen, dass wir gleich (mit dem geschäftlichen Teil) beginnen.

## Übung

**a) Sprechen oder schreiben Sie einen Dialog.**

| A | B |
|---|---|
| ❍ begrüßt seinen Gast und stellt sich vor | Δ antwortet |
| ❍ bietet seinem Gast einen Stuhl und etwas zu trinken an | Δ ... |
| ❍ erkundigt sich nach dem Befinden und der Reise | Δ ... |
| ❍ fragt nach dem Hotel und der Stadt | Δ ... |
| ❍ gibt ein paar Empfehlungen: Sehenswürdigkeiten, Restaurants usw. | |
| ❍ will zum geschäftlichen Teil des Gesprächs übergehen | |

CD 6

**b) Hören Sie den Dialog und vergleichen Sie.**

## 3. Verabschiedung und gute Wünsche

CD 7

**Redemittel: Verabschiedung**

- ❍ Wir müssen uns jetzt leider verabschieden.
- ❍ Es war nett, Sie kennenzulernen./Es hat mich gefreut, Ihre Bekanntschaft zu machen.
- ❍ Haben Sie vielen Dank!/Vielen Dank für alles!
- ❍ Grüßen Sie bitte Ihre Frau/Ihren Mann!

❍ Auf Wiedersehen! ❍ Tschüs! ❍ Servus! ❍ Ciao! ❍ Bis bald!

## Übung 1

**Ordnen Sie zu.**

| Anredeform? | Wo? |
|---|---|
| Sie<br>du | überregional<br>in Norddeutschland/in Süddeutschland/<br>in Österreich/in der Schweiz |

Auf Wiedersehen! du + Sie überregional

Tschüs! ______

Servus! ______

Ciao! ______

Bis bald! ______

**Redemittel: gute Wünsche**

CD 8

- ❍ Frohe Ostern!/Frohe (Fröhliche) Weihnachten!/Frohes Fest!
- ❍ Ein glückliches und erfolgreiches Neues Jahr!
- ❍ Alles Gute (zu ... )!
- ❍ Herzlichen Glückwunsch (zu ...)!
- ❍ Viel Spaß!/Viel Vergnügen!
- ❍ Viel Erfolg!
- ❍ Schönen Feierabend!/Schönes Wochenende!
- ❍ Gute Besserung!
- ❍ Guten Appetit! Δ Danke, gleichfalls.
- ❍ Guten Flug!/Gute Fahrt!/Kommen Sie gut nach Hause!
- ❍ Hals- und Beinbruch!
- ❍ Ich drücke dir/Ihnen die Daumen!
- ❍ Mein herzliches Beileid!

## Übung 2

**Was sagen Sie in diesen Situationen?**

1. Heute ist Freitag. Schönes Wochenende
2. Es ist 17.30 Uhr. ______
3. Es ist der 23.12. ______
4. Es ist der 2.1. ______
5. Es ist Karfreitag. ______
6. Herr K. fährt drei Wochen in Urlaub. ______
7. Frau A. ist gestern operiert worden. ______
8. Frau B. fährt mit dem Auto nach Leipzig. ______
9. Herr B. fährt zu einem Kunden.
   Die Verhandlungen werden schwierig. ______

10. Nach schwierigen Verhandlungen hat Herr B. einen großen Auftrag erhalten. ____________________
11. Herr S. fährt in die Berge zum Skilaufen. ____________________
12. Frau K. fliegt morgen nach Rom. ____________________
13. Frau N. hat eine Prüfung bestanden. ____________________
14. Herr L. hat Geburtstag. ____________________
15. Frau D. hat geheiratet. ____________________
16. Sie sitzen beim Essen. Frau H. wünscht Ihnen guten Appetit. ____________________
17. Ein Verwandter Ihres deutschen Geschäftspartners ist kürzlich verstorben. ____________________
18. Die Frau Ihres Geschäftspartners ist krank. ____________________

## 4. Umgangsformen

**Lesen Sie die Tipps aus dem „Euro-Knigge für Manager".**

### Etikette

A) In Deutschland besteht eine große Abneigung aus der Reihe zu tanzen, aus der vorgeschriebenen Rolle auszubrechen. Schon die mildeste Exzentrik ruft offene Kritik hervor. Auch wenn es eine instinktive Abneigung gegen persönliche Konfrontation gibt, zögert man nicht, jedem zu sagen, dass er oder sie gegen akzeptable Verhaltensnormen verstößt. Die mag - in Ihren Augen - so trivial sein, wie z. B. bei einem Meeting die Jacke auszuziehen oder auf dem falschen Platz zu parken. Das Verhalten aller anderen zu kontrollieren wird nicht als beleidigend angesehen, sondern als soziale Pflicht.

B) Anders als in einigen Ländern behält man die Jacke in den meisten deutschen Büros an, außer wenn man allein ist. Hemdsärmel gelten als Zeichen der Entspanntheit, das heißt, dass man nicht richtig arbeitet.

C) Bei der Anrede wird fast immer die höfliche *Sie*-Form benutzt. Das persönliche *Du* wird nur mit beiderseitigem Einverständnis von engen Freunden verwendet und der Übergang zum *Du* ist ein wichtiges Ereignis. Er markiert den Eintritt in den eifersüchtig gehüteten "Privatraum" von beiden und sollte nie leicht genommen werden. Er wird gewöhnlich von der nach Rang und Alter höher gestellten Person initiiert und ist durch ein Ritual gekennzeichnet - einen Drink, ein Essen oder eine formale Vereinbarung.

D) Eine bemerkenswerte Ausnahme gibt es bei Computerspezialisten. Die Arbeit mit Computern hat etwas Besonderes an sich, vielleicht weil es ein junger Beruf ist, was in der ganzen Welt eine Lockerheit in Kleidung und Verhalten mit sich bringt.

E) Wie persönlich die Beziehung auch sein mag, Höflichkeit und gute Manieren sind wesentlich. Kollegen erwarten voneinander, reserviert, aber freundlich zu sein. Sie achten darauf, sich untereinander morgens und abends zu grüßen, und mittags mit *Mahlzeit*, wenn sie zum Mittagessen gehen.

### Pünktlichkeit

F) Es ist sehr wichtig, pünktlich zu sein, das heißt auf die Minute genau. Nur in akademischen Kreisen ist die viertelstündige Verspätung des Professors akzeptabel. Es ist auch akzeptabel, die Arbeit pünktlich zu beenden. Die Beziehung zwischen Unternehmen und Mitarbeiter wird überwiegend als vertragsmäßig angesehen. Überstunden zu machen ist nicht besonders beliebt, außer wenn man dafür bezahlt wird oder ein Termin einzuhalten ist.

### Humor

G) Wie so viele Aspekte des deutschen Lebens ist der Humor strikt aufgeteilt. Je formaler die Gelegenheit, desto weniger Humor ist akzeptabel. Scherzen unter Fremden oder neuen Bekannten bereitet Deutschen oft Unbehagen und ist weit davon entfernt ihnen die Befangenheit zu nehmen. Während ein Amerikaner oder Brite sich auf Meetings oder Präsentationen möglicherweise verpflichtet fühlt Scherze einzustreuen oder ein Italiener oder Franzose sich zu gelegentlichen witzigen Bemerkungen hinreißen lässt, bleibt ein Deutscher ständig ernst. In einigen Ländern ist man der Meinung sich in höheren Positionen entspannter geben zu können. In Deutschland ist das Gegenteil der Fall. Höhere Position ist eine Verantwortung, die der Träger sich sichtbar verdienen und ernst nehmen muss.

## Übung 1

**Kreuzen Sie an, ob das im Text gesagt wird (stimmt) oder nicht gesagt wird (stimmt nicht).**

| | stimmt | stimmt nicht |
|---|---|---|
| 1. In Deutschland mag man es nicht, wenn jemand aus der Reihe tanzt. | ☐ | ☐ |
| 2. In Deutschland liebt man die persönliche Konfrontation. | ☐ | ☐ |
| 3. In Deutschland wird das Verhalten anderer kontrolliert, weil es als soziale Pflicht angesehen wird. | ☐ | ☐ |
| 4. Wenn sich ein deutscher Geschäftsmann das Jackett auszieht, heißt das: „An die Arbeit!“ | ☐ | ☐ |
| 5. Sie können einen deutschen Geschäftspartner nicht ohne weiteres fragen: „Wollen wir *du* sagen?“ | ☐ | ☐ |
| 6. Vor allem in jungen, dynamischen Branchen sind die Umgangsformen und die Kleidung lockerer und informeller. | ☐ | ☐ |
| 7. Kollegen nicht zu grüßen gilt als Verstoß gegen Höflichkeit und gute Manieren. | ☐ | ☐ |
| 8. Wenn Sie einen Termin um 15.00 Uhr haben, erwartet man Sie auch Punkt 15.00 Uhr. | ☐ | ☐ |
| 9. Überstunden werden ganz informell geregelt. | ☐ | ☐ |
| 10. Ihr deutscher Geschäftspartner wird es schätzen, wenn Sie bei Verhandlungen ein paar Scherze einstreuen. | ☐ | ☐ |
| 11. Je höher die Position, desto weniger ist man zum Scherzen aufgelegt. | ☐ | ☐ |

## Übung 2

**Fassen Sie mit eigenen Worten den Textinhalt über die folgenden Punkte zusammen.**

1. offen Kritik äußern (auch über Kleinigkeiten)
2. Kleidung
3. Duzen-Siezen
4. jemandem das „Du“ anbieten
5. Umgangsformen und Kleidung in „jungen“ Branchen
6. Verhalten der Kollegen untereinander
7. Grüßen
8. Pünktlichkeit
9. Beziehung: Unternehmen - Mitarbeiter
10. Humor und Scherze am Arbeitsplatz

## Übung 3

**Berichten Sie mündlich oder schriftlich.**

1. Worauf müssen ausländische Geschäftsleute in Ihrem Land besonders achten?
2. Welche Fehler sollte man in Ihrem Heimatland unbedingt vermeiden?
3. Was sind Ihre eigenen Erfahrungen im Umgang mit deutschen Geschäftspartnern?

## Übung 4

**Berichten Sie mündlich oder schriftlich von eigenen Erfahrungen in Deutschland und/oder Ihrem Heimatland zu den folgenden Themen.**

1. Visitenkarte (z. B. Was steht drauf?)
2. Gesprächsthemen (z. B. bei einem Geschäftsessen)
3. Trink- und Esskultur (z. B. Alkohol zum Mittagessen?)
4. Telefonanrufe (zu Hause ja/nein?)
5. Geschenke
6. Trinkgeld

# 5. Grammatik: Verben (Gegenwart und Vergangenheit)

## Übung 1

**Ergänzen Sie die Verben im Präsens.**

1. arbeiten: Wie lange ____________________ ihr schon zusammen?
2. lesen: ____________________ du jeden Tag die Zeitung?
3. müssen: Um wie viel Uhr ____________________ man da losfahren?
4. anfangen: Wann ____________________ Ihr Urlaub an?
5. sprechen: ____________________ Erika auch Spanisch?

6. mögen: __________ du deine Arbeit?
7. abfahren: Um wie viel Uhr __________ ihr ab?
8. können: __________ Sie mir sagen, wie ich zum Bahnhof komme?
9. haben: __________ ihr morgen Zeit?
10. sein: Wann __________ Sie wieder zurück?
Wann __________ du wieder da?
11. wissen: __________ Sie/__________ du/__________ ihr, wie spät es ist?
12. wollen: Was __________Sie/__________ du denn damit sagen?

## Übung 2

**Ergänzen Sie die Verben im Präsens (1) und im Präteritum (2).**

| | ich | du | er/sie/es/man | wir | ihr | Sie/sie |
|---|---|---|---|---|---|---|
| haben 1<br>2 | habe<br>hatte | hast<br>hattest | | | | |
| sein 1<br>2 | | | | | | |
| werden 1<br>2 | | | | | | |
| wissen 1<br>2 | | | | | | |
| mögen 1<br>2 | | | | | | |
| können 1<br>2 | | | | | | |
| wollen 1<br>2 | | | | | | |
| müssen 1<br>2 | | | | | | |
| dürfen 1<br>2 | | | | | | |
| sollen 1<br>2 | | | | | | |

1

**Verwendung der Vergangenheitsformen**

Präteritum:
- meist schriftlich
- Modalverben
- haben, sein, werden

Perfekt:
- meist mündlich

## Übung 3

**Ergänzen Sie die Verben im Präteritum.**

1. sollen: Sie ________________ doch gestern bei der Exportabteilung anrufen!
2. müssen: Wir ________________ unsere Abreise um einen Tag verschieben.
3. werden: Frau Kortner ________________ plötzlich krank.
4. dürfen: Wir ________________ die Grenze erst nach einer Stunde passieren.
5. wissen: Es tut mir Leid, aber das ________________ ich nicht.
6. wollen: Frau Mitschke ________________ uns leider keine Auskunft geben.
7. haben: ________________ Sie einen guten Flug?
8. sein: ________________ du nicht letztes Jahr auch in Australien?
9. können: Entschuldigung, aber wir________________ nicht eher kommen.

**Perfekt: *haben* oder *sein*?**

mit *haben*:
- die meisten Verben (*ich habe gearbeitet*)

mit *sein*:
- Verben, die eine Orts- oder Zustandsveränderung beschreiben (ohne Akkusativobjekt)
- *sein*, *bleiben* und *werden* (*ich bin gefahren, ich bin gewesen*)

## Übung 4

**Bilden Sie Sätze im Perfekt.**

Reise • dauert • über 3 Stunden
Die Reise hat über 3 Stunden gedauert.

1. Frau Krause • 3 Tage • Hotel • übernachten

   ________________________________________
2. Wir • zuerst • 10 Stunden • über den Atlantik • fliegen •, danach • 3 Stunden • mit dem Zug • fahren

   ________________________________________

   ________________________________________
3. Wir • in Rom • pünktlich ankommen

   ________________________________________
4. Ich • vergessen • Sie • benachrichtigen

   ________________________________________

5. Frau Klein ● uns ● nicht ● informieren

______________________________________________

6. Die Sitzung ● bereits ● anfangen

______________________________________________

7. Wir ● vor 3 Wochen ● Ware ● bestellen ● bereits

______________________________________________

## Übung 5

**Formulieren Sie Sätze mit den angegebenen Verben im Perfekt.**

anrufen : ______________________________________________
sehen: ______________________________________________
einladen ______________________________________________
beenden: ______________________________________________
denken: ______________________________________________

## Übung 6

**Berichten Sie über Ihren gestrigen Arbeitstag/Ihre letzte Arbeitswoche/Ihre letzte Arbeitsstelle (mündlich oder schriftlich, mindestens 10 Sätze).**

## Übung 7

**Ergänzen Sie das Hilfsverb und das Partizip II.**

Haben wir uns nicht das letzte Mal in Paris getroffen ?

1. __________ Sie unsere Firma schnell ____________________? (finden)
2. Wie lange __________ Sie ____________________? (fliegen)
3. __________ Sie schon etwas ____________________? (essen)
4. __________ Sie mit dem Zug ____________________? (kommen)
5. Wie oft __________ Sie denn ____________________? (umsteigen)
6. __________ ich Sie schon mit Frau Müller ____________________? (bekannt machen)
7. __________ Sie nicht auch in Cambridge ____________________? (studieren)
8. Wo __________ Sie früher ____________________ ? (arbeiten)
9. __________ es diesen Winter in Spanien ____________________? (schneien)

10. Wann __________ die Sitzung __________________________ ? (beginnen)
11. __________ Sie sich nicht früher für Briefmarken __________________________? (interessieren)
12. __________ Sie den Brief gestern __________________________ ? (abschicken)
13. __________ Sie den Vertrag schon __________________________ ? (unterschreiben)
14. __________ Sie freundlicherweise daran __________________________, uns ein Muster mitzubringen? (denken)
15. __________ er Ihnen den Namen des Kunden nicht __________________________ ? (nennen)

GR S. 93

## 6. Grammatik: Modalverben

### Übung 1

**Beantworten Sie die Fragen.**
**Fragen Sie Ihre Nachbarin/Ihren Nachbarn und notieren Sie.**

- Was sind Sie von Beruf?
- Was mussten Sie letzte Woche während der Arbeit tun?
- Gibt es etwas, was Sie während Ihrer Arbeitszeit nicht tun dürfen? (Rauchen zum Beispiel?)
- Was brauchen Sie nicht zu tun? (Kaffee kochen?)
- Was mögen Sie an Ihrer Arbeit besonders?
- Gibt es etwas, was Sie nicht tun wollen, aber immer tun müssen?
- Was sollte jemand können, der sich um Ihre Stelle bewirbt?

**Berichten Sie, was Ihre Nachbarin/Ihr Nachbar Ihnen erzählt hat.**

### Übung 2

**Ergänzen Sie die Modalverben.**
**Benutzen Sie die Bedeutungsübersicht im Anhang, wenn Sie unsicher sind.**

1. ________________ Sie noch etwas trinken?
2. Bis Freitag ________________ der Brief beantwortet werden.
3. ________________ Sie diesen Text ins Deutsche übersetzen?
4. Herr Kramer, Sie ________________ sofort zum Chef kommen.
5. Was genau ________________ ich eigentlich hier machen?
6. ________________ Sie ein Glas Mineralwasser oder lieber ein Glas Wein?
7. Tut mir leid, ich ________________ kein Japanisch.
8. In diesem Labor ________________ Sie immer Mundschutz tragen.

9. Herr Schmalz hat angerufen. Sie ________________ ihn bitte heute noch zurückrufen.
10. Sie ________________ den Brief nicht zu beantworten. Das habe ich bereits selbst getan.
11. ❍ ________________ du den neuen Kollegen ?
    ∅Er ist mir sehr sympathisch . Ich ________________ ihn sehr.
12. Wir ________________ ein Doppelzimmer mit Seeblick.
13. ________________ ich Niederländisch oder Schwedisch lernen?
14. Sie ________________ diese Aufträge allein bearbeiten, ich ________________ Ihnen im Moment nicht helfen.
15. Ich ________________ nicht mehr rauchen. Der Arzt hat es mir verboten.
16. ❍ Frau Schimmelmeier, Sie ________________ doch gestern das Ministerium anrufen. Warum haben Sie das nicht getan?
    ∅Ich ________________ das Ministerium gestern nicht anrufen, ich war krank.

## Übung 3

**Empfehlungen (Sie sollten)**
**Schreiben Sie Empfehlungen wie im Beispiel (Satzbau beachten).**

nicht so lange warten ● mit Antwort ● Sie
*Sie sollten mit der Antwort nicht so lange warten!*

1. um Rat fragen ● Frau Kühl ● Sie

   ________________________________________________

2. umgehend ● beantworten ● Brief ● Sie

   ________________________________________________

3. einladen ● Kunden ● zum Essen ● Sie

   ________________________________________________

4. sich entschuldigen ● du

   ________________________________________________

5. verbessern ● Fehler ● so schnell wie möglich ● du

   ________________________________________________

6. Arzt gehen ● du

   ________________________________________________

7. Taxi nehmen ● Sie

   ________________________________________________

8. Ergebnisse vorstellen ● nächste Konferenz ● Sie

   ________________________________________________

## Übung 4

**Ergänzen Sie *sollen* oder *müssen*.**

1. Sie ________________ sich anmelden, sonst bekommen Sie keinen Platz mehr.
2. Herr Kunze hat gesagt, ich ________________ mich bei Ihnen melden.
3. ________________ ich morgen oder übermorgen kommen?
4. Du hast doch studiert. Du ________________ das doch wissen.
5. Frau Schrempf hat angerufen. Sie ________________ ihr bitte so schnell wie möglich die Preise faxen.
6. Sie ________________ die Tabletten morgens und abends einnehmen.
7. Kannst du mir helfen? Ich weiß nicht, wie ich das machen ________________ .
8. Der Resturlaub des vergangenen Jahres ________________ bis 31.3. genommen werden, andernfalls verfällt er.
9. Sag Otto, er ________________ eine Flasche Wein mitbringen.
10. Wir ________________ das Spiel gewinnen, sonst steigen wir ab!

## Übung 5

**Verwenden Sie *möchte-* in den Bedeutungen „Wunsch“ (wollen) und „Weiterleitung einer Bitte“ (sollen).**

**Gegenwart:**
Ich möchte nach Spanien fahren.
**Vergangenheit:**
Ich wollte nach Spanien fahren.

a) ***Wünsche***
**Bilden Sie Fragen wie im Beispiel.**

Sie • trinken • was — Was möchten Sie trinken?

1. Sie • Mantel • ablegen ________________________________
2. Sie • Theater • heute Abend ________________________________
3. Sie • teilnehmen • Kongress ________________________________

**Und was möchten Sie?** Ich möchte ________________________________

**Gegenwart:**
Sie möchten bitte Frau Schulz zurückrufen.
**Vergangenheit:**
Sie sollten doch gestern Frau Schulz zurückrufen.

b) ***Weiterleitung einer Bitte***
**Ergänzen Sie *möchte-* in der richtigen Form.**

1. Sie ________________ bitte zum Chef kommen.
2. Frau Baum hat angerufen. Sie ________________ sie bitte sofort zurückrufen.
3. Schönen Gruß von Tom. Du ________________ ihn bitte heute Abend abholen.
4. Sag Gabi, sie ________________ mich bitte am Sonntag nicht anrufen.

## Übung 6

**wollen/möchte-:** wunschbetont
**werden:** absichts- und zukunftsbetont

**Ergänzen Sie *wollen, möchte-* oder *werden*.**

1. Ich ________________ Sie morgen gegen 10.00 Uhr anrufen.
2. Was ________________ Sie wissen?
3. Wir ________________ dieses Jahr nicht wieder nach Irland fahren. Da regnet es zu oft.
4. Ich ________________ mich nur nach dem Ergebnis erkundigen.
5. Er ________________ sehr gern an der Konferenz teilnehmen, aber er hat keine Zeit.
6. Das war das letzte Mal. Ich ________________ Frau Krause nicht noch einmal helfen.
7. Er hat schon zweimal angerufen und noch immer nicht gesagt, was er eigentlich ________________ .
8. ________________ Sie noch eine Tasse Kaffee?

## Übung 7

**Die Stellung des Wörtchens *nicht* bei Satznegation:**
***nicht*** steht am Satzende oder vor dem zweiten Teil des Prädikats.

**Verneinungen**
**Ergänzen Sie die Modalverben.**

1. Sie ________________ den Brief nicht zu schreiben. Das habe ich schon getan.
2. Du ________________ nicht mitzukommen. Ich schaffe das schon allein.
3. Ich ________________ Ihnen die Ergebnisse nicht mitteilen. Die sind vertraulich.
4. Ich ________________ Sie leider nicht abholen. Ich bin bis 19.00 Uhr in einer Konferenz.
5. Wir ________________ die Preisänderung nicht akzeptieren.
6. Nein, Sie ________________ mir die Preisliste nicht zu faxen. Die haben wir bereits.
7. Den Vertrag ________________ wir so, wie er jetzt ist, nicht unterzeichnen.
8. Unbefugte ________________ die Maschinen nicht bedienen.
9. Ich ________________ diese Farbe nicht. Blau finde ich schöner.
10. Die Teile sind noch nicht fertig. Wir ________________ nächste Woche noch nicht liefern.

# KAPITEL 2

| | |
|---|---|
| **Sprechhandlung/Situation:** | Informationen geben über:<br>● Preise<br>● Maße und Gewicht<br>● Behälter und Materialien<br>● Liefer- und Zahlungsbedingungen<br>● Versand- und Transportarten<br>Informationen erfragen |
| **Grammatik:** | Fragewörter<br>*denn* ( Partikel )<br>das Genus der Nomen |

## 1. Zahlen

CD 9

**Redemittel**

| | | | |
|---|---|---|---|
| 0 null | | | |
| 1 eins | 11 elf | 21 einundzwanzig | 40 vierzig |
| 2 zwei (zwo) | 12 zwölf | 22 zweiundzwanzig | 50 fünfzig |
| 3 drei | 13 dreizehn | 23 dreiundzwanzig | 60 sechzig |
| 4 vier | 14 vierzehn | 24 vierundzwanzig | 70 siebzig |
| 5 fünf | 15 fünfzehn | 25 fünfundzwanzig | 80 achtzig |
| 6 sechs | 16 sechzehn | 26 sechsundzwanzig | 90 neunzig |
| 7 sieben | 17 siebzehn | 27 siebenundzwanzig | 100 (ein)hundert |
| 8 acht | 18 achtzehn | 28 achtundzwanzig | 101 (ein)hundert(und)eins |
| 9 neun | 19 neunzehn | 29 neunundzwanzig | 102 (ein)hundert(und)zwei |
| 10 zehn | 20 zwanzig | 30 dreißig | 200 zweihundert |

1000 (ein)tausend
10 000 zehntausend
100 000 (ein)hunderttausend
1 000 000 eine Million
2 000 000 zwei Millionen
1 846 527 eine Million achthundertsechsundvierzigtausendfünfhundertsiebenundzwanzig
1 000 000 000 eine Milliarde

# 2. Währungen und Geld

2

## Übung 1

**Welche Währungen und Länder gehören zusammen? Wie heißen die Abkürzungen?**

| Währung | Land | Abkürzung | | |
|---|---|---|---|---|
| 1. Franken | j) die Schweiz | C) CHF | a) Irak | A) CNY |
| 2. Gulden | | | b) China | B) MXP |
| 3. Rupien | | | c) Surinam | C) CHF |
| 4. Dollar | | | d) Deutschland | D) INR |
| 5. Forint | | | e) Tschechien | E) CZK |
| 6. Yen | | | f) Ägypten | F) IQD |
| 7. Dinar | | | g) Mexiko | G) JPY |
| 8. Zloty | | | h) Ungarn | H) SRG |
| 9. Euro | | | i) Polen | I) PLN |
| 10. Pesos | | | j) die Schweiz | J) HUF |
| 11. Yuan | | | k) Indien | K) EUR |
| 12. Pfund | | | l) Japan | L) USD |
| 13. Kronen | | | m) die USA | M) EGP |

## Übung 2

**Lesen Sie laut.**

4,25 JPY • 5,50 EGP • 9,75 CHF • 754 EUR • 2936 PLN • 96 666 MXP • 983 571 INR • 5 744 232 USD • 35 987 654 CZK

## Übung 3

**Kombinieren Sie.**

tilgen machen begleichen eröffnen haben zurückzahlen anlegen überweisen bezahlen verschwenden sparen wechseln bekommen abheben aufnehmen anmelden einzahlen

| | |
|---|---|
| Zinsen | bezahlen, bekommen |
| Konto | |
| Schulden | |
| Kredit | |
| Rechnung | |
| Geld | |
| Konkurs | |
| Raten | |

2

## Übung 4

**Ergänzen Sie Begriffe aus Übung 3.**

1. Kann ich den Betrag auf Ihr Konto ______________________________ ?
2. Wir haben auch ein ______________________________ bei der Dresdner Bank.
3. Ich möchte 100 Dollar in Euro ______________________________ .
4. Würden Sie mir raten, mein Geld in Shell-Aktien ______________________________ ?
5. Wir haben einen hohen Kredit ______________________________ und müssen jetzt monatlich 2000,– Euro ______________________________ .
6. Haben Sie die Rechnung schon ______________________________ ?
7. Ich kann diesen hohen Preis nicht auf einmal zahlen. Ist es eventuell möglich, in ______________________________ zu bezahlen?
8. Ich habe gehört, dass der Betrieb zahlungsunfähig ist. Hat er wirklich ____________________ ______________ angemeldet?

# 3. Preise

## Übung 1

**Erklären Sie die folgenden Preise. Ordnen Sie zu.**

| | | | |
|---|---|---|---|
| 1. der Relativpreis | b | a) | Preis nach Abzug von Rabatt |
| 2. der Richtpreis | ______ | b) | Preis wird nur in Relation mit dem Preis eines anderen Gutes festgelegt. |
| 3. der Festpreis | ______ | c) | Summe der Rechnung, Endbetrag |
| 4. der Nettopreis | ______ | d) | unverbindlicher Preis |
| 5. der Mehrpreis | ______ | e) | staatlich oder vertraglich normierter Preis |
| 6. der Rechnungspreis | ______ | f) | Preis ohne Gewinnaufschlag |
| 7. der Selbstkostenpreis | ______ | g) | Preis über den vereinbarten Preis hinaus |

## Übung 2

**Gewähren Sie manchmal Rabatt/Preisnachlass? Wenn ja, welchen?**

| | |
|---|---|
| Mengenrabatt | (für Abnahme einer größeren Warenmenge) |
| Treuerabatt | (für langjährige Kunden) |
| Wiederverkäuferrabatt | (für Groß- und Einzelhändler bei Preisempfehlungen) |

| | |
|---|---|
| Sonderrabatt | (z. B. für Personal oder bei besonderen Anlässen) |
| Naturalrabatt | (Rabatt wird in Form von Ware gewährt) |
| Bonus | (nachträglich gewährter Rabatt/Umsatzrückvergütung) |
| Skonto | (Preisnachlass bei Barzahlung/für Barzahlung innerhalb einer bestimmten Frist) |

## Übung 3

**Ergänzen Sie das passende Wort.**

steigen • fallen • sinken
billig • preiswert • hoch • teuer • preisgünstig • niedrig

1. Wenn Preise nach unten gehen, dann ______________ oder ______________ sie.
2. Gehen Preise in die Höhe, dann ______________ sie.
3. Preise können ______________ oder ______________ sein.
4. Waren können ____________ , ____________ , ______________ oder ____________ sein.

Das Wort „preiswert" klingt positiver als das Wort „billig".
„Preisgünstig" bezieht sich auf den Preis vergleichbarer Produkte.

**Redemittel**

- ❍ Wie viel kostet/kosten ...?
- ❍ Wie teuer ist/sind ... ?
- ❍ Was ist der Preis für ... ?
- ❍ Was verlangen Sie für ...?
- ❍ Gewähren Sie bei (einer Bestellung von 1000 Stück) Mengenrabatt?

## Übung 4

**Sprechen oder schreiben Sie einen Dialog.**

| A | B |
|---|---|
| ❍ erkundigt sich nach dem Preis<br>❍ fragt nach möglichen Rabatten | Δ antwortet<br>Δ ... |

# 2

## 4. Maße und Gewicht

**Redemittel: Maße**

- der Millimeter (mm), der Zentimeter (cm), der Meter (m), der Kilometer (km)
- der Quadratmeter (qm/m$^2$)
- der Kubikmeter (m$^3$)
- der Durchmesser
- der Umfang
- lang/die Länge breit/die Breite hoch/die Höhe tief/die Tiefe
- Der Container hat eine Breite von 2 Metern.
- Die Breite des Containers ist/beträgt 2 Meter.
- Der Container ist 2 Meter breit.
- Die exakte Breite des Containers ist:
- 1,98 Meter. Das sind knapp/etwas weniger als/etwas unter 2 Meter.
- 2,02 Meter. Das sind gut/etwas mehr als/etwas über 2 Meter.
- Der Container ist ungefähr/etwa 2 Meter breit.

## Übung 1

**Geben Sie Breite, Länge und Höhe der folgenden Kartons und Container an. Lesen Sie laut.**

1. 1,52 m x 2,99 m x 2,00 m
2. 89 cm x 50 cm x 42 cm
3. 2,02 m x 3,50 m x 2,25 m

**Redemittel: Gewicht**

- das Milligramm (mg), das Gramm (g), das Kilogramm - das Kilo (kg)
- das Pfund (= 500 g)
- der Zentner (= 50 kg)
- die Tonne (= 1000 kg)
- der Milliliter (ml), der Zentiliter (cl), der Deziliter (dl), der Liter (l)
- das Gewicht, das Eigengewicht, das Gesamtgewicht
- Der Karton hat ein Eigengewicht von ...
- Das Eigengewicht des Kartons ist/beträgt ...
- Der Karton wiegt ... /Der Karton ist ... schwer.

## Übung 2

**Geben Sie das Gewicht an. Lesen Sie laut.**

250 g • 1000 g • 3000 kg • 300 kg • 0,29 g

# 5. Behälter und Materialien

## Übung 1

**Der, die oder das?**

_________ Papier, _________ Pappe, _________ Kunststoff, _________ Holz, _________ Glas, _________ Gummi, _________ Leichtmetall, _________ Aluminium, _________ Stahl, _________ Styropor, _________ Blech, _________ Wolle, _________ Seide

## Übung 2

**Ordnen Sie die Behälter den Zeichnungen zu.**

die Trommel • die Holzkiste • der Karton • das Fass • der Ballen
der Lattenverschlag • die Schachtel • die Dose • die Tube

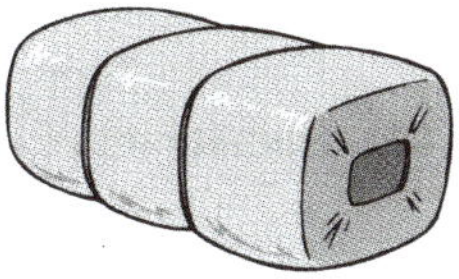

1 _________________________

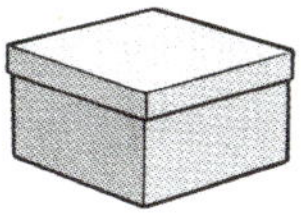

2 _________________________

3 _________________________

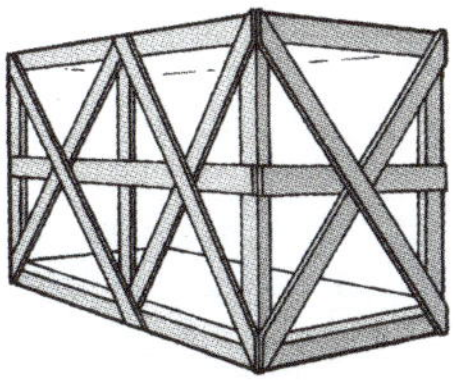

4 _________________________

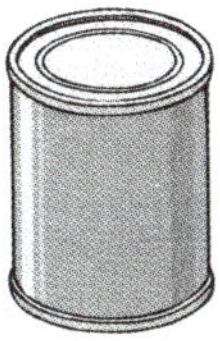

5 _________________________

6 _________________________

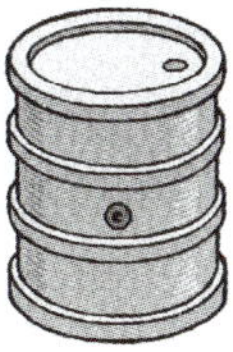

7 _________________________

8 _________________________

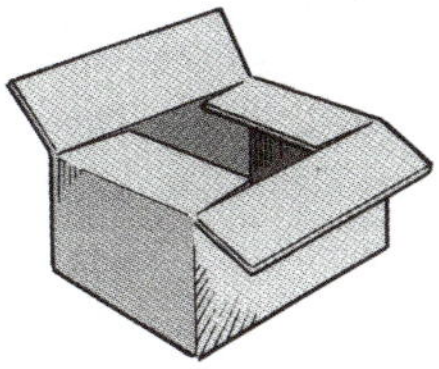

9 _________________________

# 2 6. Liefer- und Zahlungsbedingungen, Transportarten

**Fachwortschatz: Lieferbedingungen**

Die Lieferung erfolgt
- ab Werk/ab Fabrik, ab Lager
- frei Haus
- frei Bahnhof (Ort)
- frei Grenze
- fob: free on board
- cif : cost, insurance, freight (Kosten, Versicherung, Fracht)

## Übung 1

**Ordnen Sie die Lieferbedingungen zu.**

1. Der Verkäufer trägt alle Kosten, bis sich die Ware an Bord des Seeschiffes befindet. ________________
2. Der Verkäufer trägt die Kosten bis zur Grenze. ________________
3. Der Verkäufer trägt die gesamten Lieferkosten. ________________
4. Der Käufer trägt die Lieferkosten. ________________
5. Der Verkäufer trägt alle Kosten, inklusive der Seeversicherung bis zum Bestimmungshafen. ________________
6. Der Verkäufer trägt die Kosten bis zum Bahnhof des genannten Ortes. ________________

**Fachwortschatz: Zahlungsbedingungen**

- Vorauszahlung
- Ein Drittel Anzahlung bei Auftragserteilung, ein Drittel bei Lieferung, ein Drittel innerhalb von 30 Tagen nach Lieferung
- Zahlung bei Erhalt der Ware/netto Kasse bei Erhalt der Ware
- gegen Nachnahme
- Zahlung innerhalb von 10 Tagen mit 2% Skonto oder innerhalb von 30 Tagen
- gegen Dreimonatsakzept/gegen Bankakzept
- Zahlung durch unwiderrufliches und bestätigtes ( unbestätigtes) Dokumentenakkreditiv zu unseren Gunsten, auszahlbar bei ( Bank)

**Fachwortschatz: Versand-/Transportarten**

- mit LKW/per LKW
- per Flugzeug/per Luftfracht
- per Schiff
- durch einen Boten/per Kurier
- mit der Bahn/per Bahnfracht: als Expressgut, als Eilgut, als Stückgut, als Frachtgut
- per Post: als Infobrief, als Infopost, als Eilbrief , als Einschreiben, als Päckchen, als Paket, als Schnellsendung
- per Luftpost

## Übung 2

**Berichten Sie.**

- Welche Liefer- und Zahlungsbedingungen kennen Sie und welche kommen bei Ihnen am häufigsten vor?
- Welche Vorteile haben die von Ihnen bevorzugten Liefer- und Zahlungsbedingungen?
- Welche Versand- oder Transportarten benutzen Sie?

# 7. Grammatik: Fragen

GR S. 95

## Übung 1

**Formulieren Sie Fragen zu den vorgegebenen Antworten.**

| | | |
|---|---|---|
| 1. | ____________________? | Danke, gut. Und Ihnen? |
| 2. | ____________________? | Die Artikelnummer ist 321. |
| 3. | ____________________? | Reine Baumwolle. |
| 4. | ____________________? | In rot, weiß und blau. |
| 5. | ____________________? | 17,95 Euro pro Stück. |
| 6. | ____________________? | Erst ab 500 Stück. |
| 7. | ____________________? | In Singapur. |
| 8. | ____________________? | Per Schiff. |
| 9. | ____________________? | In Kisten. |
| 10. | ____________________? | 3 Wochen. |
| 11. | ____________________? | Frei Haus. |
| 12. | ____________________? | 31-20-6691731 |
| 13. | ____________________? | Per Fax. |

## Übung 2

**Sprechen oder schreiben Sie einen Dialog.**

A und B einigen sich auf einen Artikel.

| A | B |
|---|---|
| ( erkundigt sich nach<br>– Farbe<br>– Gewicht<br>– Größe<br>– Material<br>– Preis<br>– Lieferfrist<br>– Lieferart<br>– Zahlungsmodalitäten | Δ antwortet |

## Übung 3

**Wonach fragte er?**
**Antworten Sie wie im Beispiel.**

Er fragte,
wie lange es dauert, bis die Ware geliefert wird. *Er fragte nach der Lieferfrist.*

1. wann die Ware geliefert wird. *Er fragte nach* __________
2. wie gut die Ware ist. *Er fragte* __________
3. wie die Ware verpackt ist. *Er* __________
4. woraus die Ware besteht. __________
5. wie das mit der Bezahlung ist. __________
6. wie schwer die Ware ist. __________
7. wie groß die Container sind. __________
8. warum die Lieferung so spät eintraf. __________
9. wie die Verhandlungen mit der Firma endeten. __________
10. wo Frau Kunze jetzt arbeitet. __________
11. wem der Betrieb gehört. __________
12. wie weit die Lagerhallen vom Hauptgebäude entfernt sind. __________

## Übung 4

**Stellen Sie Fragen zu den folgenden Begriffen.**

der zuständige Sachbearbeiter *Wer ist denn der zuständige Sachbearbeiter?*

1. die Versandadresse __________
2. die Kontaktperson __________
3. die Auftragsbestätigung __________

4. das Material ______________________
5. die Gesamtmenge ______________________
6. der Lieferschein ______________________
7. der Kunde ______________________
8. die Auftragsnummer ______________________
9. die Qualität ______________________
10. die Farbe ______________________
11. die Transportart ______________________
12. der Preis ______________________
13. der Vertreter ______________________

## Übung 5

**Ordnen Sie die Präpositionen *bei, in/im, auf, an/am* den Antworten zu.**

**Wo arbeiten Sie?**

| bei | ______ | ______ | ______ |
|---|---|---|---|
| Mercedes<br>(Firmen/<br>Unternehmen) | Goethe-Institut<br>meinem Schreibtisch<br>(Lehranstalten/<br>direkter Arbeitsplatz) | Finanzamt<br>Baustelle<br>(Ämter/<br>öffentliche Plätze) | München<br>Krankenhaus<br>(Städte/<br>Gebäude) |

## Übung 6

**Ergänzen Sie *arbeiten* in der richtigen Form und die passende Präposition.**

1. Frau Klein ______________ früher ________ VW. Jetzt ______________ sie ________ Schweden ________ Volvo.
2. Herr und Frau Schulz ______________ bis 1988 ________ der Erasmus-Universität ________ Rotterdam.
3. Paul Klein ist Beamter und ______________ ________ dem Landratsamt.
4. Bis vor 4 Jahren ______________ meine Großeltern ________ dem Feld.
5. ________ dieser alten Fabrik wird nicht mehr ______________ .

## 8. Grammatik: denn als Partikel

***denn* in Fragesätzen**

Die Fragen bekommen einen persönlicheren und verstärkenden Charakter.

### Übung

**Lesen Sie laut (*denn* ist in der Regel unbetont) und antworten Sie.**

- Wie war denn die Fahrt?
- Wie war denn Ihr Hotel?
- Wie war denn das Wetter in Spanien?
- Was halten Sie denn von meinem Vorschlag, Frau Mitschke?
- Wo bleibt denn Herr Krause?
- Hätten Sie denn Lust mitzukommen?
- Wie sehen denn Ihre Preisvorstellungen konkret aus?
- Warum sind Sie denn mit der Farbe nicht einverstanden?

## 9. Grammatik: das Genus der Nomen

GR S. 95

### Übung 1

**Ergänzen Sie den Artikel und die Pluralform.**

________ Angebot die ____________________
________ Konferenz die ____________________
________ Sitzung die ____________________
________ Woche die ____________________
________ Ergebnis die ____________________
________ Tätigkeit die ____________________
________ Nummer die ____________________
________ Name die ____________________
________ Transport die ____________________
________ Entwurf die ____________________
________ Termin die ____________________
________ Unterschied die ____________________
________ Artikel die ____________________
________ Vertrag die ____________________
________ Vorteil die ____________________

________ Einzelteil die ____________________
________ Anschrift die ____________________
________ Fax die ____________________
________ Zahl die ____________________
________ Betrag die ____________________
________ Preis die ____________________
________ Prospekt die ____________________
________ Vorschlag die ____________________
________ Idee die ____________________
________ Plan die ____________________
________ Vertreter die ____________________

## Übung 2

**Ergänzen Sie den bestimmten oder unbestimmten Artikel im Nominativ oder Akkusativ.**

1. Wir haben __________ Artikel leider nicht mehr in unserem Angebot.
2. Stimmt __________ Nummer?
3. Hiermit bestätigen wir __________ Auftrag.
4. __________ Preis für __________ folgenden Artikel hat sich geändert.
5. __________ Anschrift hat sich nicht geändert.
6. Haben Sie __________ Fax erhalten?
7. Leider wird sich __________ Termin verzögern.
8. Wie fanden Sie __________ Entwurf?
9. Entschuldigung, wie war __________ Name der Firma?
10. Können Sie __________ Vertrag bis morgen unterzeichnen?
11. Ist __________ neue Prospekt schon fertig?
12. __________ Vertreter wird Sie nächste Woche besuchen.
13. Wir haben Ihnen __________ Ersatzteil bereits vor einer Woche geschickt.
14. Können Sie mir __________ Adresse der Transportfirma geben?
15. __________ Betrag stand nicht auf der Rechnung.
16. Haben Sie __________ Idee, wie man __________ Angebot erweitern könnte?
17. __________ Teil des Betrags müssen Sie gleich bezahlen.
18. __________ Transport wird sich um drei Tage verzögern.
19. __________ Vorschlag von Herrn B. wird morgen diskutiert.
20. __________ Preisunterschied ist gering.

# KAPITEL 3

| | |
|---|---|
| **Sprechhandlung/Situation:** | Telefonieren (1):<br>● jemanden sprechen wollen<br>● höflich bitten/vorschlagen<br>● jemanden/sich entschuldigen<br>● Informationen übermitteln lassen<br>Telefonieren (2):<br>● Termine vereinbaren, ändern/verschieben |
| **Grammatik:** | Konjunktiv II<br>Zeit- und Datumsangaben |

## 1. Telefonieren (1)

**Der Gesprächspartner, die Gesprächspartnerin ist nicht da.**

CD 10

**Redemittel**

Sie melden sich:

❍ ATA Rotterdam, Sanders hier, guten Tag.
❍ Hier ist Ronald Sanders von der Firma ATA aus Rotterdam.
❍ Sanders, guten Tag.

Sie nennen den gewünschten Gesprächspartner:

❍ Kann/Könnte ich bitte Herrn/Frau ... sprechen?
❍ Ich möchte bitte Herrn/Frau ... sprechen.
❍ Ich hätte gern Herrn/Frau ... gesprochen.
❍ Könnten Sie mich bitte mit Herrn /Frau ... verbinden?

Sie hören folgende Mitteilung und Frage:

Δ Herr/Frau ... ist leider nicht da/in einem Gespräch,
- kann ich Ihnen vielleicht helfen?
- möchten Sie warten?
- kann ich Sie mit jemand anderem verbinden?
- möchten Sie eine Nachricht hinterlassen?
- kann ich ihm/ihr etwas ausrichten?

Sie können folgendermaßen reagieren:

❍ Wann ist er/sie wieder da/erreichbar?
❍ Ich müsste ihn/sie schon persönlich sprechen.
❍ Ich rufe dann später noch einmal an.

❍ Könnten Sie ihm/ihr bitte ausrichten, dass ich angerufen habe.
❍ Könnten Sie ihn/sie bitten, mich zurückzurufen.
– Ich bin bis ... Uhr im Büro.
– Es ist dringend/eilig/wichtig !

Man möchte von Ihnen noch Folgendes wissen:
Δ Wie war Ihr Name bitte?
Δ Können Sie das bitte buchstabieren?
Δ Unter welcher Telefonnummer sind Sie erreichbar?

Sie antworten:
❍ Mein Name ist ...
❍ Ich buchstabiere ...
❍ Meine Telefonnummer ist ...

Ihr Telefonpartner bedankt sich:
Δ Vielen Dank und auf Wiederhören !
Δ Vielen Dank für Ihren Anruf.

Sie bedanken sich ebenfalls und verabschieden sich:
❍ Ich danke Ihnen. Auf Wiederhören.

**Redemittel: Die deutsche Buchstabiertafel**

CD 11

| | | | | | | | | |
|---|---|---|---|---|---|---|---|---|
| A | = | Anton | I | = | Ida | R | = | Richard |
| Ä | = | Ärger | J | = | Julius | S | = | Samuel |
| B | = | Berta | K | = | Kaufmann | Sch | = | Schule |
| C | = | Cäsar | L | = | Ludwig | T | = | Theodor |
| Ch | = | Charlotte | M | = | Martha | U | = | Ulrich |
| D | = | Dora | N | = | Nordpol | Ü | = | Übermut |
| E | = | Emil | O | = | Otto | V | = | Viktor |
| F | = | Friedrich | Ö | = | Ökonom | W | = | Wilhelm |
| G | = | Gustav | P | = | Paula | X | = | Xanthippe |
| H | = | Heinrich | Q | = | Quelle | Y | = | Ypsilon |
| | | | | | | Z | = | Zacharias |

## Übung 1

**Buchstabieren Sie Ihren eigenen Namen und den Namen Ihres Unternehmens.**

## Übung 2

**a) Sprechen oder schreiben Sie Dialoge.**

**A**
❍ möchte eine bestimmte Person sprechen
❍ hinterlässt eine Nachricht.

**B**
Δ entschuldigt die verlangte Person.

3

**Wählen Sie aus den folgenden Situationen aus.**

1. Frau Meier-Lehmann, Verwaltung • zu Tisch • Kontakt aufnehmen mit Dr. May
2. Herr Krause, Außenhandelsabteilung • Dienstreise • die Verträge angekommen
3. Herr Dr. Schinkel • Besprechung • Rückruf dringend erwartet
4. Frau Angermann • Urlaub • warten noch immer auf Angebot
5. Prof. Kluge • Versammlung • Ergebnisse erhalten
6. Frau Schön • außer Haus • alle Zimmer in der Stadt leider ausgebucht • bitte zurückrufen

CD 12-17

**b) Hören Sie die Dialoge und vergleichen Sie.**

## 2. Grammatik: Konjunktiv II

### Übung 1

**Vergleichen Sie die folgenden Sätze miteinander.**
**Welche Wirkung haben die Sätze auf Sie?**

1. a) Buchstabieren Sie bitte Ihren Namen.
   b) Könnten Sie bitte Ihren Namen buchstabieren.
2. a) Haben Sie vielleicht einen Kugelschreiber für mich?
   b) Hätten Sie vielleicht einen Kugelschreiber für mich?
3. a) Kann ich von Ihrem Apparat mal telefonieren ?
   b) Könnte ich von Ihrem Apparat mal telefonieren?
4. a) Darf ich Sie zum Essen einladen?
   b) Dürfte ich Sie zum Essen einladen?
5. a) Geht es morgen?
   b) Ginge es morgen?
6. a) Ich muss Sie in dieser Angelegenheit dringend sprechen.
   b) Ich müsste Sie in dieser Angelegenheit dringend sprechen.

Die Sätze mit Konjunktiv II (b) wirken höflicher und zugleich zurückhaltender als die Sätze mit dem Indikativ. Im Geschäftsleben ist die Verwendung des Konjunktivs II üblich.

**Die Bildung des Konjunktiv II**

*würde* + Infinitiv
bei den meisten Verben:

rufen Sie an - würden Sie anrufen
bestellen Sie - würden Sie bestellen

Hilfsverben, Modalverben und ein paar andere Verben bilden folgende KII-Formen:

| | | |
|---|---|---|
| ich habe | - | ich hätte |
| ich bin | - | ich wäre |
| ich kann | - | ich könnte |
| ich darf | - | ich dürfte |
| ich muss | - | ich müsste |
| ich will | - | ich wollte |
| ich soll | - | ich sollte |
| es geht | - | es ginge |
| ich weiß | - | ich wüsste |
| es lässt | - | es ließe |

## Übung 2

**Sagen Sie es vorsichtiger, indem Sie den Konjunktiv II verwenden.**

1. Kann ich Sie morgen Abend anrufen?

   ______________________________

2. Sprechen Sie langsamer.

   ______________________________

3. Warten Sie einen Augenblick.

   ______________________________

4. Ist es Ihnen möglich, nächste Woche nach Berlin zu kommen?

   ______________________________

5. Unter gewissen Voraussetzungen bin ich bereit den Auftrag zu übernehmen.

   ______________________________

6. Unterschreiben Sie bitte hier.

   ______________________________

7. Es kann sein, dass etwas dazwischenkommt.

   ______________________________

8. ❍ Ich schlage vor, wir treffen uns morgen. Δ Mir ist übermorgen lieber.

   ______________________________

9. Ich habe noch eine weitere Frage.

   ______________________________

10. Im Prinzip muss das durchzuführen sein.

    ______________________________

## Übung 3

**Sprechen oder schreiben Sie einen Dialog.**
**Verwenden Sie den Konjunktiv II.**

**A**

❍ hat eine Bitte
❍ setzt eine Frist

**Redemittel für A:**

❍ Könnten/Würden Sie bitte ...
❍ Ginge das eventuell bis ...?
❍ Das wäre sehr nett/freundlich von Ihnen./
❍ Es wäre gut/nett, wenn sich das machen ließe.

**B**

Δ antwortet
Δ ...

**Redemittel für B:**

Δ Geht in Ordnung./Selbstverständlich.
Δ Ich werde es versuchen.
Δ Wir tun unser Möglichstes.

**3** **Wählen Sie eine der folgenden Situationen oder eine eigene Situation.**

- Protokoll zuschicken
- Zahlungsbedingungen faxen
- Kunden anrufen
- das Ergebnis mitteilen
- den Vertrag übersetzen
- die Waren kontrollieren
- das Ergebnis überprüfen
- den Brief Korrektur lesen

## Übung 4

**Ergänzen Sie die angegebenen Verben im Konjunktiv II.**

1. ○ Könnte ich Sie morgen zurückrufen? (können)
   Δ Es ________________ mir lieber, Sie ________________ mich heute noch zurückrufen, dann könnte ich nämlich bis morgen alles fertig haben.(sein, werden)
   ○ ________________ es Ihnen recht, wenn ich Sie zu Hause anrufe? (sein)
   Δ Natürlich, Sie ________________ allerdings vor 20.00 Uhr anrufen. (müssen)
2. ________________ Sie mir bitte die Maße der Kisten durchgeben? (können)
3. ○ Es ________________ doch möglich sein, eine für uns alle akzeptable Lösung zu finden. (müssen)
   Δ Ich ________________ folgenden Vorschlag machen. (werden)
4. ○ Soll ich Ihnen das Protokoll zuschicken?
   Δ Ja, das ________________ sehr nett von Ihnen. (sein)
5. ○ Wir müssen unser Treffen um eine Woche verschieben. ________________ Sie damit einverstanden? (sein)
   Δ Ich kann Ihnen diese Frage leider nicht beantworten, da ________________ ich erst nachfragen. (müssen)
6. ○ ________________ Sie den Auftrag bis Donnerstag erledigen? (können)
   Δ Ja, ich glaube, das ________________ sich machen. (lassen)
7. Ich habe hier Ihre Preisliste vorliegen:
   - Ich ________________ da mal eine Frage. (haben)
   - ________________ es sein, dass in der Berechnung ein Fehler ist? (können)
   - ________________ es möglich, einen Mengenrabatt zu bekommen? (sein)
   - ________________ Sie mir den Preis bitte noch schriftlich bestätigen? (können)
   - ________________ das nicht 100 statt 1000 heißen? (müssen)

3

# 3. Telefonieren (2)

CD 18

## Der Gesprächspartner, die Gesprächspartnerin ist da.

### Redemittel

Sie melden sich und nennen den gewünschten Gesprächspartner:
- ❍ ATA, Rotterdam, Sanders hier. Könnte ich bitte Herrn/Frau ... sprechen?

Eine andere Person ist am Telefon:
- Δ Einen Moment bitte, ich verbinde Sie mit Herrn/Frau ...

Der gewünschte Gesprächspartner ist bereits am Telefon:
- Δ Am Apparat.

Ihr Gesprächspartner erkundigt sich nach dem Grund des Anrufs:
- Δ Was kann ich für Sie tun?

Sie erklären, warum Sie anrufen:
- ❍ Warum/Weshalb ich anrufe, ist Folgendes: ...
- ❍ Es handelt sich/Es geht um Folgendes: ...
- ❍ Ich rufe an wegen ...
- ❍ Herr/Frau ..., ich rufe Sie an, weil ...

Sie möchten einen Termin vereinbaren:
- ❍ Können/Könnten wir einen Termin vereinbaren/ausmachen?
- ❍ Wann können/könnten wir uns treffen?
- ❍ Wann hätten Sie Zeit?
- ❍ Passt es Ihnen (am ...)?
- ❍ Ginge es (am ...) ?
- ❍ Ich würde (den ...) vorschlagen.

Ihr Gesprächspartner kann folgendermaßen reagieren:
- Δ Da muss ich erst mal in meinem Terminkalender nachsehen.
- Δ Ja, das geht/ginge.
- Δ Ja, das passt mir.
- Δ Ja, da hätte ich Zeit.
- Δ Ja, das ließe sich machen/einrichten.
- Δ Nein, tut mir leid, am ... habe ich keine Zeit. Könnten wir den Termin auf einen anderen Zeitpunkt legen?
- Δ Ich habe am ... bereits sehr viele Termine. Der ... wäre mir lieber.
- Δ Nein, um ... Uhr haben wir eine Konferenz. Ginge es vielleicht ... Stunden früher oder später.

Sie wollen einen Termin ändern/verschieben:
- ❍ Wir hatten einen Termin am ... um ... Uhr.
  - Mir ist leider etwas dazwischengekommen. Wäre es möglich, einen anderen Termin zu vereinbaren?
  - Leider ist dieser Zeitpunkt sehr ungünstig. Könnten wir den Termin eventuell verschieben/ändern?

# 3 Übung

**a) Sprechen oder schreiben Sie einen Dialog.**

| A | B |
|---|---|
| | Δ meldet sich |
| | Δ fragt nach dem Grund des Anrufs |
| ❍ meldet sich | |
| ❍ nennt den Grund des Anrufs und macht einen Terminvorschlag | |
| | Δ entschuldigt sich und macht einen Gegenvorschlag |
| ❍ einigt sich mit B auf einen Termin | |
| | Δ bedankt und verabschiedet sich |
| ❍ bedankt und verabschiedet sich | |

**Wählen Sie selbst einen Grund oder nutzen Sie einen der angegebenen Gründe.**

1. neue Produkte vorstellen
2. gemeinsame Projekte müssen besprochen werden
3. Farben für neue Produkte aussuchen
4. Personalfragen diskutieren
5. Planung des nächsten Jahres
6. Marktanalyse vorstellen
7. neue Verkaufsstrategien besprechen

CD 19-24

**b) Hören Sie die Dialoge (zu 1.-6.) und vergleichen Sie.**

## 4. Grammatik: Zeit- und Datumsangaben

**am** Montag
**am** Montag, **dem** 23.1. (dreiundzwanzigsten ersten/Januar)
**am** 23.1.
**am** Vormittag/vormittags/**am** Nachmittag/nachmittags
**um** 10.15 Uhr (zehn Uhr fünfzehn/Viertel nach zehn/viertel elf)
**von** 10 **bis** 12 Uhr
**Anfang/Ende** der Woche

(Anmerkung: Die Zeitangabe „viertel elf“ wird vorwiegend in Ost- und Süddeutschland verwendet.)

GR S. 97

## Übung 1

**Wann sehen wir uns wieder?**
**Antworten Sie und verwenden Sie die folgenden Angaben mit den passenden Präpositionen.**

eine Woche — *Wir sehen uns in einer Woche.*

1. Wochenende ____________________
2. zwei Jahre ____________________
3. 12.30 Uhr ____________________
4. Mittagspause ____________________
5. Urlaub ____________________
6. Besprechung ____________________
7. ein paar Minuten ____________________
8. ein Monat ____________________
9. 13.4. ____________________
10. einige Tage ____________________
11. Ostern ____________________
12. Mitte August ____________________
13. 1999 ____________________
14. ein halbes Jahr ____________________
15. Ende des Monats ____________________

## Übung 2

**Ergänzen Sie *wenn, wann* oder *als*.**

1. ___________ haben Sie den Brief abgeschickt?
2. ___________ es Ihnen recht ist, kommt Herr Schneider nächste Woche bei Ihnen vorbei.
3. Könnten Sie noch einmal wiederholen, ___________ das Flugzeug ankommt?
4. Ich habe Frau Schmidt kennen gelernt, ___________ ich letztes Jahr in Italien war.
5. Die Ladung wird jedes Mal kontrolliert, ___________ sie die Grenze passiert.
6. Ich weiß nicht genau, ___________ der Chef wieder im Hause ist.
7. ___________ ich noch studierte, hatte ich zum Tennisspielen mehr Zeit als heute.
8. ___________ die Ware nicht pünktlich geliefert werden kann, rufe ich Sie an.
9. ___________ genau beginnt die Sitzung?
10. Frau Schön ist krank? ___________ ich sie gestern traf, sah sie noch sehr gesund aus.
11. Jedes Mal ___________ ich sie grüßte, sah sie mit Absicht zur Seite.
12. Ich weiß nicht genau, bis ___________ ich mit der Arbeit fertig werde.

# KAPITEL 4

| | |
|---|---|
| **Sprechhandlung/Situation:** | Telefonieren (3)<br>den Weg zur Firma beschreiben<br>bitten und danken |
| **Grammatik:** | Verben und ihre Ergänzungen (Rektion der Verben)<br>n-Deklination |

## 1. Telefonieren (3)

CD 25

**Redemittel**

Sie haben Verständigungs-/Verständnisprobleme:
- Ich kann Sie so schlecht verstehen, würden/könnten Sie bitte etwas lauter sprechen?
- Ich habe das nicht richtig verstanden. Würden/Könnten Sie das noch einmal wiederholen?
- Würden Sie bitte etwas langsamer sprechen?

Sie haben eine falsche Nummer gewählt:
- Tut mir leid, ich glaube, ich habe mich verwählt.

Sie werden um vertrauliche Auskünfte gebeten:
- Tut mir leid, aber wir können Informationen wie diese nicht telefonisch weitergeben.
- Es ist uns nicht erlaubt/gestattet, solche Informationen weiterzugeben.
- Sie müssten sich mit dieser Frage an unsere ...abteilung wenden.

Sie berichten über Ihre Aktivitäten nach dem Gespräch:
- Ich werde dafür sorgen, dass die Sache erledigt wird.
- Ich werde Sie auf dem Laufenden halten.
- Ich werde Sie unterrichten/informieren/benachrichtigen, sobald ...
- Ich schicke Ihnen eine schriftliche Bestätigung.
- Sie hören in der nächsten Woche von mir.

Sie möchten das Gespräch beenden:
- Ich muss jetzt leider langsam zum Schluss kommen.
- Ich möchte Ihre Zeit nicht länger in Anspruch nehmen.
- Ich glaube, wir haben alles Wichtige besprochen.
- Ich danke Ihnen für das Gespräch.

Sie verabschieden sich:
- Auf Wiederhören!

# Übung 1

**Zur Wiederholung**
**a) Was sagen Sie?**

1. Sie telefonieren nach Deutschland und verlangen eine bestimmte Person oder Abteilung.

   ______________________________

2. Sie nehmen ein Gespräch entgegen und die gewünschte Person ist nicht da.

   ______________________________

3. Jemand möchte Sie sprechen, Sie selbst haben aber das Gespräch entgegengenommen.

   ______________________________

4. Sie wollen sich erkundigen, wer am anderen Ende der Leitung spricht.

   ______________________________

5. Sie wollen sich über den Zweck des Anrufs informieren.

   ______________________________

6. Sie nennen den Grund Ihres Anrufs.

   ______________________________

7. Sie möchten Ihren Telefonpartner treffen.

   ______________________________

8. Sie haben die gewünschte Information nicht und schlagen vor zurückzurufen.

   ______________________________

9. Sie haben Verständigungsprobleme.

   ______________________________

10. Sie haben eine falsche Nummer gewählt.

    ______________________________

11. Sie werden um vertrauliche Auskünfte gebeten.

    ______________________________

12. Sie wollen sich für erhaltene Informationen bedanken.

    ______________________________

13. Jemand bedankt sich bei Ihnen für den Anruf, was antworten Sie?

    ______________________________

14. Sie wollen andeuten, dass Sie das Gespräch beenden möchten.

    ______________________________

15. Sie verabschieden sich.

    ______________________________

**b) Ergänzen Sie die passenden Verben.**

1. Möchten Sie für Herrn Schulze eine Nachricht ______________________________ ?
2. Ich soll Ihnen von Frau Krause ______________________________ , dass sie 10 Minuten später kommt.
3. Könnten wir einen Termin ______________________________ ?
4. Ich kann Sie so schlecht verstehen. Könnten Sie das bitte noch einmal ______________________________ ?
5. Wenn Sie vertrauliche Informationen möchten, müssten Sie sich an unsere Presseabteilung ______________________________ .
6. Ich werde Sie ______________________________ , sobald die Ware eingetroffen ist.
7. Ich möchte Ihre Zeit nicht länger in Anspruch ______________________________ .
8. Bitte ______________________________ Sie mich auf dem Laufenden.
9. Ich muss jetzt leider langsam zum Schluss ______________________________ .

## Übung 2

**a) Sprechen oder schreiben Sie einen Dialog.**

1. Gibt es etwas, das Sie telefonisch bestellen müssen oder worüber Sie Informationen brauchen?
2. Sie können auch aus den folgenden Situationen auswählen oder selbst eine Situation erfinden. Sie brauchen:
   1. 10 neue Farbdrucker
   2. neue Büromöbel (Die Schreibtische im Prospekt S. 12 gefallen Ihnen besonders gut.)
   3. ein Faxgerät

Lassen Sie sich telefonisch beraten.

| A | B |
|---|---|
| ○ meldet sich und fragt nach einer bestimmten Person | Δ meldet sich |
| ○ erkundigt sich nach<br>- Warenangebot<br>- Preis<br>- Zahlungsbedingungen<br>- Lieferfristen<br>- Serviceleistungen<br>- ... | Δ antwortet |
| ○ bedankt und verabschiedet sich | Δ bedankt und verabschiedet sich |

CD 26-28

**b) Hören Sie die Dialoge und vergleichen Sie.**

## Übung 3

**a) Sprechen oder schreiben Sie Dialoge.**
**Orientieren Sie sich am Dialogablauf von Übung 2.**

Geschäftliche Alltagssituationen

1. Bestellen Sie telefonisch ein Zweibettzimmer im Hotel Rosengarten. Erkundigen Sie sich nach der Ausstattung des Zimmers, dem Preis, dem Frühstück und was Ihnen sonst noch einfällt.
2. Rufen Sie bitte beim Fremdenverkehrsamt in Leipzig an und erkundigen Sie sich nach kulturellen Veranstaltungen in der nächsten Woche (Ausstellungen/Oper/Theater/Konzerte usw.). Entscheiden Sie sich für eine Veranstaltung und bestellen Sie Karten.
3. Bestellen Sie für ein Geschäftsessen im Restaurant „Zum goldenen Anker" einen Tisch.

**b) Hören Sie die Dialoge und vergleichen Sie.**

CD 29-31

# 2. Wegbeschreibung

**Redemittel**

| | | |
|---|---|---|
| die Hauptstraße | die Ausfahrt | fahren |
| die Querstraße | das Verkehrsschild | abfahren |
| die Seitenstraße | das Hinweisschild | abbiegen |
| der Weg | die Kreuzung | sich einordnen |
| die Autobahn | der Kreisverkehr | vorbeifahren an |
| die Landstraße | die Brücke | (nach) links |
| die Einbahnstraße | der Tunnel | geradeaus |
| die Parallelstraße | die Ampel | (nach) rechts |

**Beispiel:**

Sie nehmen die Autobahn über ... , Richtung ...
Kurz vor ... ist ein großes Autobahnkreuz.
Ordnen Sie sich links ein und fahren Sie Richtung ...
Nach einigen hundert Metern kommt die Ausfahrt.
Dort fahren Sie ab.
Bleiben Sie auf der Hauptstraße bis zur zweiten Kreuzung. Da biegen Sie rechts ab.
Fahren Sie geradeaus bis zum Kreisverkehr.
Im Kreisverkehr nehmen Sie die zweite Straße, dann fahren Sie geradeaus bis zur zweiten Querstraße. Dort ist eine Ampel.
Gleich hinter der Ampel auf der rechten Seite sehen Sie ein rotes Haus. Das ist unsere Firma.

# 4 Übung

**Beschreiben Sie den Weg zu Ihrer Firma:**
**vom Bahnhof • von der nächsten Stadt • von der Grenze • vom Hotel • ...**

## 3. Bitten und danken

**Redemittel: eine Bitte aussprechen**

- ❍ Bitte (schicken Sie uns umgehend/so schnell wie möglich/rechtzeitig Ihr Angebot.)
- ❍ Würden Sie (uns bitte umgehend Ihr Angebot schicken.)
- ❍ Ich bitte Sie (freundlichst/höflichst, uns Ihr Angebot zu schicken.)
- ❍ Ich möchte Sie bitten, (uns Ihr Angebot zuzusenden?)
- ❍ Wir würden uns freuen, wenn (Sie uns Ihr Angebot schicken würden.)
- ❍ Es wäre schön, wenn (Sie uns Ihr Angebot schicken würden.)
- ❍ Ich bitte Sie um (Ihr Verständnis).
- ❍ Wir haben Sie bereits/schon einmal/wiederholt darum gebeten, (uns bei einer Preisänderung rechtzeitig zu informieren.)

Mögliche Reaktion:
- Δ Ja, wir erledigen das sofort.
- Δ Ich werde mich persönlich darum bemühen, dass die Sache so schnell wie möglich erledigt wird.

## Übung 1

**Formulieren Sie Bitten mit den Redemitteln.**

Der Geschäftspartner soll:
- Bescheid geben, wenn die Ware eingetroffen ist
- einen Liefertermin bestätigen
- Kontakt aufnehmen mit ...
- Fotos von den Artikeln machen und zuschicken
- Verständnis für die Lieferverzögerung haben
- Muster zuschicken
- sich an die Vereinbarungen halten

**Redemittel: sich bedanken**

- ❍ Vielen Dank für (Ihr Angebot).
- ❍ Ich danke Ihnen für (Ihr Angebot).
- ❍ Ich weiß gar nicht, wie ich Ihnen (für Ihre Hilfe) danken soll. *überschwänglich*
- ❍ Ich bedanke mich (bei Ihnen) für (Ihr Angebot).
- ❍ Ich möchte mich (bei Ihnen für Ihr Angebot herzlich) bedanken.
- ❍ Dankend (haben wir Ihr Angebot erhalten.) *nur schriftlich*

Mögliche Reaktion:
- Δ Bitte sehr.
- Δ Gern geschehen.
- Δ Keine Ursache.
- Δ Nicht der Rede wert.
- Δ Ich danke Ihnen.
- Δ Es freut mich, dass ich Ihnen helfen konnte.
- Δ Es war mir ein Vergnügen.
- Δ Wenn ich wieder mal was für Sie tun kann, (dann) lassen Sie es mich wissen.

## Übung 2

**Bedanken Sie sich mit den Redemitteln wie im Beispiel.**
**Formulieren Sie auch mögliche Reaktionen.**

die Hilfe
Ich danke Ihnen für Ihre Hilfe. - Gern geschehen.

1. das Angebot
______________________________________________
2. das Fax
______________________________________________
3. die schnelle Lieferung
______________________________________________
4. das Gespräch
______________________________________________
5. die Unterstützung
______________________________________________
6. den Besuch
______________________________________________
7. die Informationen
______________________________________________

4

## Übung 3

**a) Bitten Sie Ihren Geschäftspartner um etwas/darum, etwas zu tun.**
**b) Danken Sie Ihrem Geschäftspartner für etwas/dafür, dass ...**

schnelle Entscheidung

a) Dürfte ich Sie darum bitten, eine schnelle Entscheidung zu treffen?

b) Ich danke Ihnen für die schnelle Entscheidung.

1. Ergebnisse schnellstmöglich zusenden

a) ______________________________

b) ______________________________

2. Geduld

a) ______________________________

b) ______________________________

3. die Waren äußerst vorsichtig transportieren

a) ______________________________

b) ______________________________

4. die Gäste vom Bahnhof abholen

a) ______________________________

b) ______________________________

5. Verständnis für unsere Lage

a) ______________________________

b) ______________________________

# 4. Grammatik: Verben und ihre Ergänzungen (Rektion der Verben)

## Übung 1

**Nominativ - Akkusativ**
**Antworten Sie wie in den Beispielen.**

Rufen Sie mich zurück? — Ja, ich rufe Sie morgen zurück.

1. Wann besuchen Sie mich? ______________________________
2. Holen Sie mich ab? ______________________________
3. Haben Sie mich verstanden? ______________________________

4. Informieren Sie mich bitte? ______
5. Erinnern Sie mich an den Termin? ______
6. Benachrichtigen Sie mich bitte sofort? ______

**Beachten Sie im Akkusativ:**
die = sie den = ihn das = es

Haben Sie die Rechnung abgeschickt? Ja, ich habe sie abgeschickt.

7. Haben Sie das Gespräch notiert? ______
8. Haben Sie den Brief schon unterschrieben? ______
9. Haben Sie das Fax erhalten? ______
10. Haben Sie Frau Braun gesprochen? ______
11. Haben Sie die Unterlagen bekommen? ______
12. Kennen Sie den neuen Direktor? ______
13. Haben Sie die Nummer aufgeschrieben? ______

## Übung 2

**Nominativ - Dativ - Akkusativ**
**Antworten Sie wie im Beispiel.**

Schicken Sie mir die Unterlagen? Ja, ich schicke Ihnen die Unterlagen sofort.
Ja, ich schicke sie Ihnen sofort.

**Beachten Sie:**
Ersetzt man das Nomen durch ein Pronomen, ändert sich die Wortstellung im Satz!

1. Erläutern Sie mir das Verfahren? ______ ______
2. Zeigen Sie mir bitte die Maschine? ______ ______
3. Faxen Sie mir bitte die Preisliste? ______ ______
4. Teilen Sie mir die Bestellnummer mit? ______ ______

5. Geben Sie mir bitte das Formular? ______________________________

6. Können Sie mir das Ergebnis erklären? ______________________________

7. Können Sie mir diese Frage beantworten? ______________________________

## Übung 3

**Nominativ - Dativ**
**Antworten Sie wie im Beispiel.**

Kann ich Ihnen helfen? Ja sicher, Sie können mir beim Aufräumen helfen.

1. Gefällt Ihnen die Stadt? ______________________________
2. Hören Sie mir eigentlich zu? ______________________________
3. Bin ich Ihnen nicht schon mal begegnet? Doch, ______________________________
4. Wie geht es Ihnen? ______________________________
5. Glauben Sie mir nicht? Doch, ______________________________
6. Schmeckt Ihnen das Essen? ______________________________
7. Gehört Ihnen dieses Auto? ______________________________
8. Ist Ihnen der Versuch gelungen? ______________________________
9. Genügen Ihnen 6 Wochen Urlaub im Jahr? ______________________________
10. Fällt Ihnen eine bessere Lösung ein? ______________________________
11. Haben Sie ihm schon geantwortet? ______________________________

## Übung 4

**Dativ oder Akkusativ?**
**Ergänzen Sie *Ihnen* oder *Sie*.**

1. Ich habe gestern noch versucht ______________ anzurufen, aber ich konnte ______________ leider nicht mehr erreichen.
2. Ich wollte ______________ mitteilen, dass ich mich nach den Testresultaten erkundigt habe.
3. Ich kann ______________ die Ergebnisse leider erst nächste Woche zuschicken.
4. Tut mir leid, dass ich ______________ so lange warten lassen muss, aber ich kann ______________ wirklich nicht früher Bescheid geben.
5. Ich hoffe, dass ich ______________ trotzdem damit helfen konnte.

6. Ich wollte ______________ noch fragen, ob Sie nächste Woche in München sind.
7. Dann mache ich ______________ folgenden Vorschlag:
   Ich sehe ______________ in München und dort kann ich ______________ alles Weitere mündlich erklären.
8. Ich wünsche ______________ alles Gute!
9. Ich danke ______________ .

## Übung 5

**Dativ oder Akkusativ?**
**Ergänzen Sie *mir* oder *mich*.**

1. Frau Braun hat ______________ gesagt, dass Sie ______________ sprechen wollten.
2. Tut ______________ leid, dass ich ______________ erst jetzt melde, aber es ist ___________ immer wieder etwas dazwischengekommen.
3. Folgendes: Sie haben ______________ die Unterlagen zugeschickt. Die fand ich sehr aufschlussreich.
4. Die Unterschiede in den Ergebnissen haben ______________ allerdings sehr erstaunt.
5. Können Sie ______________ das erklären?
6. Ich frage ______________, ob die Angaben stimmen.
7. Der Kunde hat ______________ darum gebeten, noch einmal nachzufragen.
8. Es wäre mir sehr unangenehm, wenn ______________ da ein Fehler passieren würde.
9. Könnten Sie bitte noch mal nachsehen, ob alles stimmt und ______________ dann so schnell wie möglich Bescheid geben? Sie würden ______________ wirklich sehr helfen. Ich bedanke ______________ .

## Übung 6

**Dativ oder Akkusativ?**
**Ergänzen Sie *Ihnen* oder *Sie, mir* oder *mich.***

1. Kann ich ______________ morgen zurückrufen?
2. Ich werde es ______________ morgen schicken.
3. Das kann ich ______________ jetzt noch nicht versprechen.
4. Können Sie ______________ den Katalog umgehend zuschicken?
5. Ich halte ______________ auf dem Laufenden.

6. Ich werde ______________ das sofort faxen.
7. Wir informieren ______________, sobald wir die Teile auf Lager haben.
8. Ich habe ______________ das aber vertraulich gesagt.
9. Ich würde ______________ gern mal persönlich kennenlernen.
10. Ich soll ______________ von Herrn Lau ausrichten, dass er später kommt.
11. Würden Sie ______________ das bitte schriftlich bestätigen?
12. Sobald ich es weiß, gebe ich ______________ Bescheid.
13. Bitte verbinden Sie ______________ mit Frau Grunewald.
14. Bitte verstehen Sie ______________ nicht falsch, aber ich kann ______________ die Informationen im Moment noch nicht geben.
15. Wir haben wirklich unser Möglichstes getan, das müssen Sie ______________ schon glauben.

## Übung 7

**Ergänzen Sie *Sie* oder *Ihnen*. Achten Sie auf die Präpositionen.**

1. Ich habe eine Information für ______________ .
2. Wir haben von ______________ eine Rechnung erhalten.
3. Wann ist die Ware bei ______________ eingetroffen?
4. Habe ich letzte Woche mit ______________ telefoniert?
5. Kommen Sie zu uns oder sollen wir zu ______________ kommen?

## 5. Grammatik: n-Deklination

**n- Deklination bei maskulinen Nomen auf *-e, -ent, -ant, -ist***

der Kunde, der Kollege, der Experte, der Student, der Lieferant, der Journalist, der Herr, der Name

Regel: 7 x n

| | | |
|---|---|---|
| N: | der Kunde | die Kund**en** |
| A: | den Kund**en** | die Kund**en** |
| D: | dem Kund**en** | den Kund**en** |
| G: | des Kund**en** | der Kund**en** |

Ausnahmen:
die/der/den/die Herren (Plural auf -en)
des Namens (Genitiv Singular)
des Gedankens (Genitiv Singular)
des Friedens (Genitiv Singular)

# Übung 4

**Ergänzen Sie das Nomen und den Artikel oder die Endung beim Possessivpronomen, wo nötig.**

Kunde:

1. Was möchte der Kunde?
2. Haben Sie mit ______________________ darüber gesprochen?
3. Auf dem Brief steht die Anschrift ______________________ .
4. Seit wann ist er unser_____ ______________________ ?
5. Das sind unser_____ besten ______________________ .

Lieferant:

6. Ich habe ______________________ gestern angerufen.
7. Was ist die Telefonnummer ______________________ ?
8. Wir kennen ihn als zuverlässigen ______________________ .
9. Ich kann Ihnen den Namen unser_____ ______________________ geben.

Kollege:

10. Haben Sie mit mein_____ ______________________ gesprochen?
11. Das hat Ihr_____ ______________________ mir gesagt.
12. Das habe ich von Ihr_____ ______________________ gehört.
13. Wer von mein_____ ______________________ hat Ihnen das mitgeteilt?
14. Ich arbeite mit drei anderen ______________________ zusammen.
15. Mein_____ ______________________ ist heute leider nicht da.

Herr:

16. Ist ______________________ Baumann heute da?
17. Ich möchte gern ______________________ Hauser sprechen.
18. Das Produkt ist für ______________________ und Damen geeignet.
19. Ich habe einen Termin mit ______________________ Freud.
20. Die ______________________ Müller und Meier sind auf Geschäftsreise.

Name:

21. Wie war ______________________ ?
22. Ich kenne keinen Herrn dieses ______________________ .
23. Könnten Sie ______________________ bitte buchstabieren?
24. Sie hat mit ___________ falschen ______________________ unterschrieben.

# KAPITEL 5

| Sprechhandlung/Situation: | die Firma und die eigene Tätigkeit beschreiben<br>Produkte beschreiben<br>Produkte vergleichen |
|---|---|
| **Grammatik:** | Passiv, Passiversatzformen<br>Adjektive (Komparation)<br>Vergleichssätze |

## 1. Firmen- und Tätigkeitsbeschreibung

**Redemittel**

Unsere Firma

- Wir sind
  - ein Konzern
  - eine Unternehmensgruppe
  - ein Unternehmen
  - ein Familienunternehmen
  - ein Betrieb
  - eine Firma
  - eine Tochterfirma der/des ...
  - eine Organisation
  - ein Institut
  - eine Zweigstelle/Niederlassung der/des/von ...

  klein
  mittelständig
  groß
  multinational

  mit ... Mitarbeitern.
- Wir gehören zu ...
- Unser Stammhaus befindet sich in ...

Unsere Tätigkeit

- Wir stellen ... her.
- Wir produzieren ...
- Wir handeln mit ...
- Wir kaufen/verkaufen ...
- Wir transportieren ...
- Wir forschen auf den Gebieten ...
- Wir beraten ...

Unsere Unternehmensphilosophie

- Wir denken
  - zukunftsorientiert
  - umweltbewusst
  - qualitätsorientiert
  - kundenfreundlich
  - innovativ
  - marktorientiert

Unsere Geschichte

- ❍ Unsere Firma wurde ... gegründet.
- ❍ Wir blicken auf ... Jahre Erfahrung zurück.
- ❍ Wir können Erfahrung auf den/allen Gebieten der/des ... vorweisen.

Unsere Arbeitsweise

- ❍ Wir orientieren uns an hohen Qualitätsmaßstäben, deshalb haben wir absolutes Qualitätsmanagement eingeführt.
- ❍ Um effektiver zu arbeiten entschieden wir uns für die Form des „lean managements" und des „transparenten Managements".
- ❍ Wir haben kurze Entscheidungswege und intensive Kommunikation.
- ❍ Die Honorierung der Leistung des Einzelnen ist eine Selbstverständlichkeit.
- ❍ Wir richten uns streng nach den gesetzlichen Normen.

Unsere Mitarbeiter

- ❍ haben hohe Eigenverantwortung.
  - arbeiten mit großem Engagement/ganzem Einsatz.
  - sind qualifiziert und werden ständig geschult.
  - besitzen enormen Teamgeist.
  - identifizieren sich mit der Firma.

- ❍ Unsere Produkte
  - werden termingerecht produziert/geliefert.
  - sind von hoher/bieten höchste Qualität.
  - haben sich bereits bei vielen Kunden/in der Praxis bewährt.
- ❍ Unsere Produktpalette reicht von ... bis zu ... /umfasst ...

Unsere Zukunft

- ❍ Wir wollen uns vergrößern/expandieren.
- ❍ Wir investieren in ...
- ❍ Wir suchen neue Partner, die ...
- ❍ Wir wollen internationale Beziehungen knüpfen mit ...

Meine Tätigkeit

- ❍ Ich arbeite als ... in der Abteilung ...
- ❍ Ich bin zuständig für ...
- ❍ Zu meinem Aufgabenbereich gehört ...
- ❍ Ich arbeite eng zusammen mit ...
- ❍ Ich habe insgesamt ... Jahre Berufserfahrung.

# 5 Übung

a) **Stellen Sie Ihre Firma vor.**
b) **Beschreiben Sie Ihre Tätigkeit in der Firma.**

## 2. Produktbeschreibung

a) **Lesen Sie die Beschreibung des Kommalfons.**

# Das Kommalfon
Auf die Praxis abgestimmt

**A**

KOMMALFON dient als Kommunikationsmittel zwischen selbstständig lebenden älteren Menschen und den auf die entsprechende Hilfe ausgerichteten Einrichtungen.
Dafür kommen Altenheime, Sozialstationen, Betreuungsdienste oder Familienpflegeorganisationen in Betracht.
Voraussetzung für den Einsatz des KOMMALFON-Systems ist, dass es eine Zentrale gibt, die Tag und Nacht besetzt ist. Alteneinrichtungen und Pflegeorganisationen verfügen oft über solche Möglichkeiten.
KOMMALFON arbeitet mit einem Sender, der normalerweise an einer Schnur um den Hals getragen wird und damit immer in Griffnähe ist. Nach Betätigung der Taste kommt innerhalb einer Minute eine Sprechverbindung mit der Zentrale zustande.

**B**

Hohe Alarmsicherheit
Auf Grund von Praxiserfahrungen ist der Sender mit einer zweifachen Bedienungsmöglichkeit ausgeführt und arbeitet mit einer sehr hohen Frequenz (465 Mhz).
Er lässt sich über eine Drucktaste oder mit dem eingebauten Zugkontakt bedienen. Die zweite Bedienungsmöglichkeit ist für Menschen mit körperlichen Beeinträchtigungen, z.B. Rheumatiker, sowie für Personen vorgesehen, denen die Betätigung einer Taste Schwierigkeiten bereitet.
Die sehr hohe Sendefrequenz gewährleistet unabhängig von der Tragweise eine hohe Alarmsicherheit.

**C**

Einfach einzusetzen
Beim KOMMALFON-System wird von einem normalen Telefonanschluss Gebrauch gemacht. Die KOMMALFON-Wohnungseinheit wird in unmittelbarer Nähe des Telefonapparates aufgestellt. Sie enthält den Empfänger für das drahtlose Alarmsignal sowie eine elektronische Wähl-

vorrichtung. Diese Vorrichtung stellt die Verbindung mit der Zentrale her. Dank der eingebauten Sprech-/Hörvorrichtung kann von der ganzen Wohnung aus mit der Zentrale gesprochen werden. Hat jemand die Taste des Senders gedrückt, so meldet sich die Zentrale innerhalb einer Minute.

**D**

Die in der Zentrale befindlichen Geräte
Bei der Zentraleinheit und dem Drucker handelt es sich um bedienungsfreundliche Geräte. Beide finden bequem auf einer Theke Platz. Die Zentraleinheit zeigt sofort an, wer den Alarm ausgelöst hat. Verwechslungen sind also ausgeschlossen.
Der Bereitschaftsdienst der Zentraleinheit kann über einen speziell dafür vorgesehenen Telefonapparat mit dem Alarmierenden sprechen. Die Meldekarten sind im Einvernehmen mit den Betroffenen ausgefüllt worden, so dass die Zentrale über alle wichtigen Daten wie Namen und Telefonnummern des Arztes, der Verwandten und einzunehmender Arzneien verfügt und ohne Zeitverlust die erforderlichen Maßnahmen einleiten kann. Jeder Alarm wird mit Hilfe des Druckers automatisch erfasst.

**E**

Erweiterung um das Anzeigesystem SM 12 -PS
Da vom öffentlichen Fernmeldenetz Gebrauch gemacht wird, lässt sich das System sowohl lokal als auch interlokal einsetzten. KOMMALFON ist nicht an ein bestimmtes Stadtviertel oder eine bestimmte Stadt gebunden. Bei einer hohen Anzahl von Teilnehmern bietet sich das KOMMALFON-Anzeigesystem an, für das ein an die Zentraleinheit angeschlossener Personal-Computer verwendet wird. Im Falle eines Alarms erscheinen alle relevanten Daten bezüglich des Alarmierenden auf dem Bildschirm. Die angegebenen Hinweise werden befolgt; die Alarmmeldung wird abgewickelt und schließlich erfasst. Eine statistische Erfassung aller Alarmmeldungen gehört ebenfalls zu den Möglichkeiten des Anzeigesystems.

(Orginaltext Siemens, gekürzt.)

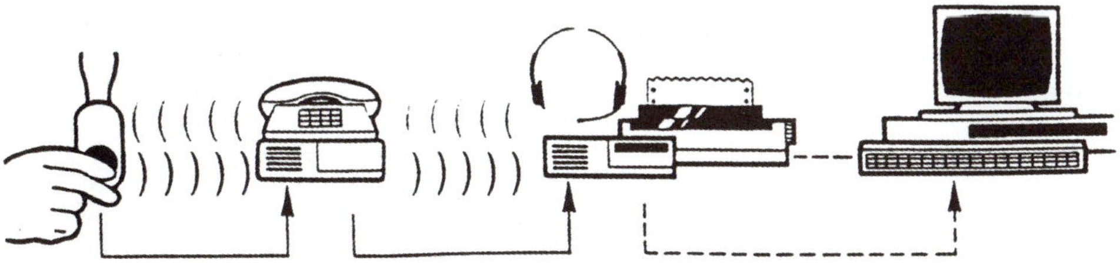

)))))))))) = *Kommunikation von der Wohnung aus.*
(((((((((( = *Kommunikation von der Zentrale aus.*
——→ = *Alarmmeldung und -erfassung.*

# 5

**b) Lesen Sie den Text noch einmal und unterstreichen Sie die folgenden Ausdrücke. Manche Ausdrücke kommen im Text mehrmals vor. Achten Sie deshalb besonders auf den Kontext.**

dienen als (Kommunikationsmittel)
ausgerichtet (sein) auf
in Betracht kommen für
verfügen über
arbeiten mit
ausgeführt sein mit
sich bedienen lassen mit/über
etwas gewährleisten
Gebrauch machen von
etwas enthalten
es handelt sich um
vorgesehen sein für
sich einsetzen lassen (als)
gebunden sein an
sich anbieten für
verwendet werden (als)
zu den (Anwendungs-)Möglichkeiten gehören

## Übung 1

**Zu welchen Ausdrücken passen diese alternativen/synonymen Wörter und Wendungen? Ordnen Sie zu.**

1. dienen + Dativ (der Kommunikation) *dienen als* ____________
2. geeignet sein für ____________
3. haben ____________
4. ausgestattet/ausgerüstet sein mit ____________
5. etwas garantieren ____________
6. etwas nutzen ____________
7. sein ____________
8. etwas benötigen ____________
9. etwas ermöglichen ____________

## Übung 2

**Ordnen Sie das Wortmaterial. Womit kann man a) die Bestandteile b) die Funktionsweisen c) die Anwendungsmöglichkeiten des Geräts beschreiben?**

a) Bestandteile des Geräts:

verfügen über, ______________________________

______________________________

b) Funktionsweise des Geräts:

arbeiten mit ______________________________

______________________________

c) Anwendungsmöglichkeiten des Geräts:

dienen als, in Betracht kommen für, ______________________________

______________________________

## Übung 3

a) **Beschreiben Sie schriftlich ein Gerät/einen Apparat aus dem täglichen Leben mit Bestandteilen, Funktionsweisen und Anwendungsmöglicheiten.**
**Tragen Sie Ihre Beschreibung vor. Sagen Sie aber nicht, welches Gerät Sie beschreiben. Das müssen/dürfen die anderen Kursteilnehmer/innen erraten.**

b) **Gehört Produktbeschreibung zu Ihrem Tätigkeitsbereich? Wenn ja, dann beschreiben Sie ihr eigenes Produkt.**

# 3. Grammatik: Passiv

Hier sind noch einmal Auszüge aus der Beschreibung des KOMMALFONS:

1. KOMMALFON arbeitet mit einem Sender, der an einer Schnur um den Hals getragen wird.
2. Beim KOMMALFON-System wird von einem normalen Telefonanschluss Gebrauch gemacht.
3. Die Meldekarten sind im Einvernehmen mit den Betroffenen ausgefüllt worden.
4. Dank der eingebauten Sprech-/Hörvorrichtung kann von der ganzen Wohnung aus mit der Zentrale gesprochen werden.
5. Er lässt sich über eine Drucktaste bedienen.

Die Sätze 1-4 sind im **Passiv**, im Satz 5 spricht man von einer **Passiversatzform**.
Da die Produktbeschreibung unpersönlich und sachbezogen ist, verwendet man sehr häufig das Passiv und seine Ersatzformen.

5

**Beispiele:**

Funktionsweise

Der Apparat **wird** mit Hilfe einer Drucktaste **bedient**. (Vorgangspassiv, Präsens)

Möglichkeit (können):
Der Apparat **lässt sich** mit Hilfe einer Drucktaste **bedienen**. (Passiversatzformen)
**Man bedient** den Apparat mit Hilfe einer Drucktaste.
**Man kann** den Apparat mit Hilfe einer Drucktaste **bedienen**.

Notwendigkeit (müssen):
Der Apparat **ist** mit Hilfe einer Drucktaste **zu bedienen**.

Bestandteile des Gerätes

**Wir haben** den Apparat mit einer Drucktaste **ausgestattet**. (Aktiv)

Der Apparat **wurde** von uns mit einer Drucktaste **ausgestattet**. (Vorgangspassiv, Präteritum)

Der Apparat **ist** von uns mit einer Drucktaste **ausgestattet worden**. (Vorgangspassiv, Perfekt)

Der Apparat **ist** mit einer Drucktaste **ausgestattet**. (Zustandspassiv)

## Übung 1

**Bilden Sie einen Passivsatz und eine andere Passiversatzform wie im Beispiel.**

Man kann die Schnur um den Hals tragen.
a) Die Schnur kann um den Hals getragen werden. (Passiv)
b) Die Schnur lässt sich um den Hals tragen. (Passiversatzform)

1. Man kann das Gerät mit einem nassen Tuch reinigen.
   a)____________________
   b)____________________
2. Man muss den oberen und den unteren Teil des Gerätes miteinander verschrauben.
   a)____________________
   b)____________________
3. Man muss bei Aufleuchten der roten Lampe das Gerät sofort ausschalten.
   a)____________________
   b)____________________
4. Man kann die Anlage auch zur Überwachung innerhalb des Hauses verwenden.
   a)____________________
   b)____________________
5. Man kann den Standort des Fahrzeugs den übermittelten Daten sofort entnehmen.
   a)____________________
   b)____________________

6. Man kann den geregelten Funktionsablauf durch einen Kleinstrechner steuern.
   a)________________________________________
   b)________________________________________
7. Man kann alle Bewegungen mit Hilfe eingebauter Sensoren dokumentieren.
   a)________________________________________
   b)________________________________________
8. Man kann dieses Bewässerungssystem besonders in Dürregebieten gezielt einsetzen.
   a)________________________________________
   b)________________________________________

## Übung 2

**Bilden Sie Sätze im Vorgangspassiv (V) oder im Zustandspassiv (Z) wie im Beispiel.**

In Maschine ● elektronisches Überwachungssystem ● einbauen (V)

*In die Maschine wurde ein elektronisches Überwachungssystem eingebaut.*

1. Beide Drähte ● miteinander verbinden (V)

   ________________________________________

2. Alarmknopf ● rechte Seite ● anbringen (Z)

   ________________________________________

3. Um Unfälle zu vermeiden ● zahlreiche Sicherheitsvorkehrungen ● einbauen (V)

   ________________________________________

4. Tasten ● an Auslöser ● koppeln (Z)

   ________________________________________

5. neue Sensoren ● entwickeln ● unsere Firma (V)

   ________________________________________

6. Steine ● sorgfältig ● schleifen (V)

   ________________________________________

7. auch ● Sicherheitsschutz für Kinder ● denken an (V)

   ________________________________________

8. Material ● bereits zweimal ● vorwaschen (Z)

   ________________________________________

9. Bedienungsanleitung ● nicht ● mitschicken (V)

   ________________________________________

5

## 4. Grammatik: Adjektive (Komparation und Vergleiche)

**Lesen Sie die Werbung.**

- Unser Weichspüler ***„SUPERWEICH"*** wäscht Ihre Wäsche weich.
- Unser Weichspüler ***„SUPERWEICH"*** wäscht Ihre Wäsche super • extra • ultra • mega weich!
- Ihre Wäsche wird einfach weicher als die Wäsche Ihrer Nachbarin!
- Ihre Wäsche wird genauso weich wie Sie es immer wollten!
- Wenn sie Ihre Wäsche mit ***„SUPERWEICH"*** waschen, bekommen Sie die weichste und frischeste Wäsche, die Sie je gesehen haben.
  So wird Ihre Wäsche am weichsten und am frischesten.
- Sie wissen doch: Je weicher Ihre Wäsche ist, desto besser fühlen Sie sich!
- Ihre Wäsche wird nicht nur weich, sondern auch frisch!
  Ihre Wäsche wird sowohl weich als auch frisch!

Unser Fazit ist: Wir von ***„SUPERWEICH"*** empfehlen ***„SUPERWEICH"*** !

### Übung 1

**Schreiben Sie zu einem Produkt (einem bekannten oder unbekannten, Sie können auch eins erfinden) einen Werbetext. Lassen Sie Ihrer Fantasie freien Lauf und denken Sie daran: je übertriebener, desto besser! Tragen Sie Ihren Werbetext vor.**

### Übung 2

**Ergänzen Sie den Komparativ.**

1. ❍ Trinken Sie gern Wein?
   Δ Ja, aber noch ________________ trinke ich Bier.
2. ❍ Sind die Produkte in diesem Jahr nicht ziemlich preiswert?
   Δ Letztes Jahr waren sie noch ________________ .
3. ❍ Wie schnell fährt Ihr Auto eigentlich?
   Δ ________________ als mein altes auf jeden Fall.
4. ❍ Ist Ihr Arbeitsweg nicht sehr weit?
   Δ Ja, aber als ich noch in Grünau wohnte, war er noch ________________ .
5. ❍ Ob die Preise dieses Jahr noch steigen?
   Δ Ja, ich glaube, sie klettern noch ein bisschen ________________ . (hoch)

6. ❍ Wie viel Rabatt haben wir bekommen?
   Δ ________________ als ich erwartet habe.
7. ❍ Finden Sie das neue Modell gut?
   Δ Ja, es ist ________________ als das alte.

## Übung 3

**Wie heißt der Superlativ?**

der (hoch) Umsatz ________________
die (gut) Chance ________________
der (teuer) Artikel ________________
der (nah) Ort ________________
der (spät) Termin ________________
die (schnell) Transportmöglichkeit ________________
die (freundlich) Bedienung ________________
die (klug) Entscheidung ________________
die (modern) Herstellungsmethode ________________
der (wichtig) Kunde ________________
das (neu) Produkt ________________

## Übung 4

**Formulieren Sie die Sätze mit *je - desto* wie im Beispiel.**

Wenn wir länger warten, wird es teurer.
*Je länger wir warten, desto teurer wird es.*

1. Wenn wir früher beginnen, sind wir eher fertig.
   ________________
2. Wenn wir billiger produzieren können, machen wir mehr Gewinn.
   ________________
3. Wenn wir schneller liefern, ist der Kunde zufrieden.
   ________________
4. Wenn Sie das früher schaffen könnten, wäre das besser.
   ________________
5. Wenn wir mehr Werbung machen, wird unser Firmenname bekannter.
   ________________

# 5

## Übung 5

**Ergänzen Sie die folgenden Ausdrücke.**

| |
|---|
| sowohl ... als auch/nicht nur ..., sondern auch<br>frisch ● leise ● fleißig ● gut ● qualitativ hochwertig ● kollegial ● schnell ● preiswert |

1. Das Auto fährt nicht nur ______ ______, sondern auch ______ .
2. In der "Blauen Lagune" ist das Essen ______ ______ ______ ______.
3. In diesem Geschäft kann man gut einkaufen. Da ist die Ware ______ ______ ______ ______.
4. Ich schätze Herrn Kümmel sehr. Er ist ______ ______ ______ ______.

## Übung 6

**Ergänzen Sie die folgenden Ausdrücke.**

| |
|---|
| mindestens ● höchstens ● frühestens ● spätestens |

1. Wir werden Ihren Antrag sofort bearbeiten. Sie bekommen in ______ acht Tagen Bescheid.
2. In Hamburg habe ich länger zu tun. Ich komme in ______ drei Tagen zurück.
3. Für diesen alten Wagen bekommen Sie ______ noch 3000 DM.
4. Das ist ein sehr wertvoller Teppich, der kostet ______ 4000 DM.
5. So schnell geht das nicht. Das dauert ______ drei Wochen.
6. So lange ist das noch gar nicht her, das liegt ______ zehn Tage zurück.
7. Das ist mehr Arbeit als Sie denken, das kann ______ nächste Woche fertig sein.
8. Wenn ich bis ______ 20.00 Uhr nicht da bin, fahrt ohne mich.

5

## Übung 7

**Suchen Sie das Gegenteil und jeweils ein passendes Nomen wie im Beispiel.**

| | | |
|---|---|---|
| umweltfreundlich | umweltfreundliche Verpackung | umweltfeindliches Verhalten |
| 1. sicher | | |
| 2. leicht | | |
| 3. wertvoll | | |
| 4. stabil | | |
| 5. außergewöhnlich | | |
| 6. preiswert | | |
| 7. kalorienarm | | |
| 8. fehlerfrei | | |
| 9. pünktlich | | |
| 10. schnell | | |
| 11. leise | | |
| 12. hoch | | |

## Übung 8

**Bilden Sie Vergleichssätze (...er als/genauso ... wie) wie im Beispiel.**

unsere Produkte • preiswert • Produkte der Konkurrenz • sein
Unsere Produkte sind preiswerter als die Produkte der Konkurrenz.

1. Stadt • verkehrsreich • Land • zugehen
2. Glas • zerbrechlich • Porzellan • sein
3. Transportfirma Müller • zuverlässig • Transportfirma Schulze • arbeiten
4. das neue Gerät • einfach • das alte Gerät • sich bedienen lassen
5. Wasser • kalorienarm • Cola • sein

5

## Übung 9

**Kombinieren Sie und bilden Sie Sätze wie im Beispiel.**

*aus* + Dativ

Das Kostüm ist aus reiner Seide. / Das ist ein Seidenkostüm.

| | | |
|---|---|---|
| das Kostüm | | das Papier |
| der Anzug | strapazierfähig | die Pappe |
| die Kiste | rot | das Glas |
| die Dose | zerbrechlich | die Baumwolle |
| das Gerüst | umweltfreundlich | die Seide |
| der Tisch | rein | das Styropor |
| das Produkt | leicht | das Aluminium |
| der Behälter | unbehandelt | der Stahl |
| die Schutzschicht | rostfrei | das Holz |
| der Apparat | | der Kunststoff |
| der Schrank | | |
| das Gerät | | |

# KAPITEL 6

| | |
|---|---|
| **Sprechhandlung/Situation:** | sich beschweren<br>nachfragen<br>mahnen<br>Ärger ausdrücken<br>Vorwürfe artikulieren<br>sich entschuldigen<br>Bedingungen stellen<br>Gründe nennen |
| **Grammatik:** | Konjunktiv II<br>konditionale Beziehungen<br>kausale Beziehungen (Gründe und Folgen) |

## 1. Die Beschwerde

**der Mangel; die Mängel; mangelhaft**

Der Mangel (Singular) ist das Fehlen von etwas (Wichtigem, Notwendigem),
z.B. : In den Dürregebieten Afrikas herrscht Mangel an Wasser.
Die Mängel (Plural) bedeutet, dass etwas einen oder mehrere Fehler aufweist,
z.B.: Bei den gelieferten Waren konnten verschiedene Mängel festgestellt werden.
Mangelhaft heisst fehlerhaft,
z.B.: Er verkauft sehr oft mangelhafte Ware.

### Übung 1

**Ergänzen Sie *Mangel, Mängel* oder *mangelhaft.***

1. Im Krankenhaus konnte niemand mehr aufgenommen werden. Es herrschte ______________________ an Personal und an Betten.
2. Das ist schon das dritte Mal, dass an meinem neuen Auto ______________________ festgestellt worden sind.
3. Der Arzt stellt bei ihm Eisen______________________ fest.
4. Seine Abschlussarbeit wurde nicht angenommen. Sie wies gravierende ______________________ auf.
5. Leider hat diese Firma schon mehrfach ______________________ Ware geliefert.

# 6

**Fachwortschatz: Mängelarten**

| | |
|---|---|
| • Mängel der Art: | falsche Ware |
| • Mängel der Menge: | zu wenig oder zu viel |
| • Mängel der Qualität und Beschaffenheit: | fehlerhafte oder beschädigte Ware/ das Fehlen zugesicherter Eigenschaften |

## Übung 2

**Welche Mängelart stellen Sie fest?**

1. Statt Bananen wurden Äpfel geliefert. ____________
2. Bei dem Pullover ist der linke Ärmel kürzer als der rechte. ____________
3. Der Videorekorder ging am dritten Tag nicht mehr. ____________
4. Der neue Farbdrucker druckt nur schwarzweiß. ____________
5. Statt zwei Kartons Weißwein haben Sie drei Kartons Rotwein erhalten. ____________

**Fachwortschatz: Mängelrüge**

Fehlerhafte Ware/unvollständige Lieferung
Fordern/verlangen Sie

| | |
|---|---|
| - Minderung | (Preisnachlass) |
| - Ersatzlieferung | (Umtausch) |
| - Nachbesserung | (Reparatur) |
| - Nachlieferung | (neue Lieferung) |
| - Wandlung | (Rückgängigmachung des Vertrages) |
| - Schadensersatz | (wegen Nichterfüllung: bei Fehlen zugesicherter Eigenschaften, bei arglistiger Täuschung) |

Lieferverzögerung
Fordern/verlangen Sie
- Entschädigung
- Schadensersatz
- Preisnachlass

Erbitten Sie sich ein längeres Zahlungsziel.

Zahlungsverzug
Man kann
- eine Frist setzen
- eine Mahnung schreiben
- gerichtliche Schritte ankündigen/unternehmen
- alle weiteren Lieferungen einstellen
- bei allen weiteren Lieferungen sofortige Zahlung verlangen
- ein Inkassobüro einschalten/beauftragen

**Verzögerung oder Verzug:**
Etwas findet nicht zum erwarteten Zeitpunkt statt, z.B. die Lieferung, der Baubeginn, die Ankunft.

**Verspätung:**
Etwas oder jmd. kommt zu spät, z.B. der Zug, das Flugzeug, Peter.

## Übung 3

**Berichten Sie.**
**Kennen Sie solche Probleme?**
**Welche Probleme treten bei Ihnen manchmal/öfter auf und wie gehen Sie damit um?**

## Übung 4

**Welche der folgenden Redemittel wirken neutral, dringlich, direkt oder höflich?**
**Welche Redemittel würden Sie verwenden?**

CD 32

sich beschweren:

- ❍ Vielleicht haben Sie nicht bemerkt/ist Ihnen entgangen, dass … 1. höflich
- ❍ Ich wollte Sie nur darauf aufmerksam machen, dass … 2.____________
- ❍ Darf ich Sie daran erinnern, dass … 3.____________
- ❍ Wir mussten zu unserem Bedauern feststellen, dass … 4.____________
- ❍ Ich muss Ihnen leider mitteilen, dass … 5.____________
- ❍ Ich möchte Folgendes reklamieren/beanstanden:
  … funktioniert nicht/geht nicht.
  … weist Mängel auf/hat Mängel. 6.____________
- ❍ … lässt sehr zu wünschen übrig. 7.____________
- ❍ Ich möchte mich bei Ihnen über … beschweren. 8.____________
- ❍ Wir sind nicht zufrieden mit … 9.____________

Ärger ausdrücken:

- ❍ Ich bin doch etwas überrascht, dass …/verwundert über … 10.____________
- ❍ Wir sind sehr verärgert darüber, dass … 11.____________
- ❍ Wir sind schr cnttäuscht von … 12.____________
- ❍ Wir hielten Sie bisher für … und wir hoffen doch,
  dass in Zukunft … 13.____________

nachträglich Kritik üben:

- ❍ Das hätten Sie aber … müssen/sollen.
- ❍ ... hätte schon längst … müssen. 14.____________

Forderungen stellen:

- Ich bitte Sie, ... 15.________
- Ich werde Schadensanspruch geltend machen. 16.________
- Wir möchten Sie bitten für den (uns entstandenen) Schaden aufzukommen. 17.________
- Wir hoffen, dass Sie uns einen Preisnachlass gewähren. 18.________
- Wir erwarten von Ihnen
  - Schadensersatz.
  - unverzüglichen Warenumtausch.
  - die Übernahme der Kosten von Ihrer Firma. 19.________
- Wir bitten Sie dringend, die Rechnung bis zum ... zu begleichen, sonst/andernfalls werden wir gerichtliche Schritte in Erwägung ziehen. 20.________

Bedingungen stellen:

- Wenn/Falls Sie nicht bis zum ...,(dann) sehen wir uns gezwungen ...
- Sollten Sie ... nicht ... ,(dann) werden wir ... 21.________

## Übung 5

**Beschweren Sie sich in höflicher/neutraler Form wie im Beispiel.**

über die Qualität der letzten Lieferung
Ich muss Ihnen leider mitteilen, dass die Qualität der letzten Lieferung sehr zu wünschen übrig lässt.

1. über die Lieferverzögerung
   ________________________________
2. über unvollständige Lieferung
   ________________________________
3. über die unbezahlte Rechnung
   ________________________________
4. über unpünktliche Ratenzahlung (die zwei letzten Raten wurden nicht gezahlt)
   ________________________________
5. über Fehler in der Rechnung (zu Ihren Ungunsten)
   ________________________________
6. über unfreundliches Personal
   ________________________________

## Übung 6

**Ergänzen Sie die Verben in der richtigen Form.**

| |
|---|
| bringen • erstatten • umtauschen • entgehen • feststellen • bemerken • beschädigen • begleichen • überweisen • entstehen • gewähren • vorschlagen • vermeiden |

1. Vielleicht haben Sie nicht ______________________, dass die Rechnung Nr. 28 vom 23.9. dieses Jahres von Ihnen noch nicht ______________________ wurde.
2. Wir vermuten, dass die Rechnung Ihrer Aufmerksamkeit ______________________ ist.
3. Wir bitten Sie, den Betrag so schnell wie möglich zu ______________________.
4. Die Ware wurde beim Transport ______________________.
5. An zwei der drei Maschinen mussten wir leider Mängel ______________________.
6. Uns ist dadurch ein großer Schaden ______________________.
7. Wir hoffen, dass Sie die beschädigten Waren unverzüglich ______________________ oder uns einen Preisnachlass von 20% ______________________.
8. In Zukunft bitten wir Sie solche Pannen zu ______________________.
9. Die Angelegenheit wird sofort in Ordnung ______________________.
10. Wir können Ihnen eine schnelle Lösung des Problems ______________________.
11. Wir werden Ihnen den vollen Kaufpreis ______________________.

# 2. Grammatik: Konjunktiv II

## Übung 1

**Sagen Sie, was die folgenden Personen hätten tun sollen/müssen.** (Aktiv)

Frau Kurz hat den Brief nicht geschrieben.
*Sie hätte ihn aber schreiben müssen (sollen).*

1. Der Direktor hat die eingeleiteten Maßnahmen nicht begründet.

______________________________________________

2. Herr Schmitz hat sich bis heute nicht entschuldigt.

______________________________________________

3. Frau Obermeister hat das nicht gewusst.

______________________________________________

4. Er hat das Kleingedruckte nicht gelesen.

______________________________________________

6

## Übung 2

**Sagen Sie, welche Vorgänge schon längst hätten getan werden müssen.** (Passiv)

Die Daten sind nicht gespeichert worden.
Die Daten hätten schon längst gespeichert werden müssen (sollen).

1. Der Brief ist nicht ordnungsgemäß frankiert worden.
   ___
2. Die Ware ist nicht kontrolliert worden.
   ___
3. Herr Lang ist über die Terminänderung nicht informiert worden.
   ___
4. Die Anfrage ist noch nicht beantwortet worden.
   ___
5. Die Rechnung ist noch nicht bezahlt worden.
   ___
6. Die Löhne wurden letzten Monat nicht gezahlt.
   ___

## Übung 3

**Sagen Sie, welche Vorgänge nicht hätten getan werden dürfen.** (Passiv)

Der Vertrag wurde geändert.
Er hätte nicht geändert werden dürfen.

1. Die Forschungsergebnisse wurden verheimlicht.
   ___
2. Die Unterlagen wurden vernichtet.
   ___
3. Der Referent wurde immer wieder unterbrochen.
   ___
4. Die Konstruktionszeichnung wurde versehentlich der Konkurrenz zugeschickt.
   ___
5. Die Preise wurden erhöht.
   ___

# 3. Grammatik: konditionelle Beziehungen

## Übung 1

**Ordnen Sie zu und bilden Sie Sätze wie im Beispiel.**

Wir bitten Sie dringend ..., sonst/andernfalls ...
Wenn Sie ... nicht ..., dann ...

*Wir bitten Sie dringend den Liefertermin einzuhalten, sonst kommen wir in große Schwierigkeiten.*
*Wenn Sie den Liefertermin nicht einhalten, dann kommen wir in große Schwierigkeiten.*

1. Liefertermin einhalten
2. Waren umtauschen
3. Rechnung begleichen
4. einen Mechaniker schicken
5. uns eine Preisänderung mitteilen
6. den Fehler beheben
7. den Auftrag bis zum ... erledigen

a) Terminprobleme bekommen
b) gerichtliche Schritte vorbehalten
c) nach neuen Partnern umsehen
d) Preisnachlass fordern
e) Schadensersatz verlangen
f) einen längeren Zahlungstermin erbitten
g) in große Schwierigkeiten kommen

## Übung 2

**Formulieren Sie Konditionalsätze mit *sollten* wie im Beispiel.**

Sie ● nicht termingerecht liefern - wir ● Auftrag stornieren
*Sollten Sie nicht termingerecht liefern, müssen wir den Auftrag stornieren.*

1. Sie ● mit Vorschlägen nicht einverstanden sein - Sie ● uns rechtzeitig wissen lassen

 ______________________________________________

2. Sie ● andere Etiketten wünschen - Sie ● mit Verzögerung rechnen

 ______________________________________________

3. Sie ● mit Ersatzartikeln nicht einverstanden sein - Sie ● anrufen

 ______________________________________________

4. sich Lieferschwierigkeiten wiederholen - wir ● Geschäftsbedingungen prüfen

 ______________________________________________

5. das Interesse nicht groß genug sein - wir ● anderes Angebot machen

 ______________________________________________

6. es ● Probleme mit dem Transport geben - Sie ● uns sofort benachrichtigen

 ______________________________________________

7. Sie ● Rechnung nicht bis zum 3.4. begleichen - wir ● gerichtliche Schritte in Erwägung ziehen

 ______________________________________________

## Übung 3

***wenn - dann***
**Antworten Sie auf die Fragen.**

Was machen wir denn, wenn

1. wir den Termin nicht einhalten können? Dann rufen wir an und bitten um einen Aufschub.
2. der Lieferant nicht rechtzeitig liefert? ______________________
3. der Artikel teurer wird? ______________________
4. zu wenig Interesse an dem Artikel besteht? ______________________
5. der Kunde den Ersatzartikel nicht akzeptiert? ______________________
6. der Kunde mit der Lieferfristverlängerung nicht einverstanden ist?
   ______________________________________________
7. der Kunde den Auftrag storniert? ______________________
8. wir einen außerplanmäßigen Auftrag bekommen? ______________________

# 4. Die Entgegennahme einer Beschwerde

**In Zeitungen, Büchern etc. findet man folgende Tipps zur Entgegennahme von Beschwerden und Reklamationen am Telefon.**
**Diskutieren Sie darüber. Vielleicht haben Sie noch bessere Tipps?**

### Erster Anruf

1. Im Allgemeinen sollte man den Beschwerdeführenden nicht unterbrechen, sondern ausreden lassen. (Es sei denn, die Beschwerde wird sehr zögerlich vorgetragen, dann ist sofortiges Nachfragen angebracht.)
2. Interesse zeigen, nach Einzelheiten fragen
3. Verständnis für die Situation des Anrufers zeigen/haben
   z. B. „Ich kann Ihre Verärgerung sehr gut verstehen, ..."
4. Eine gemeinsame Vorgehensweise vorschlagen, den Beschwerdeführenden mit einbeziehen
   z. B. „Wir könnten bei der Lösung des Problems gemeinsam vorgehen."
   „Was schlagen Sie vor?"
5. Keine vorschnellen Zusagen oder Versprechungen machen
6. Rückrufzeitpunkt (bis ... Uhr) absprechen und die vereinbarte Zeit einhalten

### Zweites Gespräch (Rückruf)

7. Vorbereitung
   - Fakten, Tatsachen sammeln, Unterlagen zur Hand haben
   - Informationen auch mit den Augen des Kunden/Beschwerdeführenden sehen (Wie wird er auf die Nachricht reagieren?)
8. Gesprächsbeginn
   Nach kürzester Zeit muss der Kunde die Information einordnen können:
   z.B.: „Ich habe eine gute Nachricht."
   „Ich habe eine gute und eine schlechte Nachricht."
9. Schlechte Nachrichten
   - Kurz eigene Aktivitäten schildern
   - Nach einer schlechten Nachricht immer einen positiven Satz bringen, z.B. sagen, was man noch zu tun bereit ist.

CD 33

**Redemittel: eine Beschwerde entgegennehmen**

Sich entschuldigen:

- Es tut mir sehr leid, dass ...
- Leider/Bedauerlicherweise ...
- Wir bitten vielmals um Entschuldigung.
- Wir möchten Sie bitten ... zu entschuldigen.
- Wir möchten um Ihr Verständnis bitten, dass ...
- Es ist uns/mir sehr unangenehm, dass ...

Lösungen anbieten:

- Wir haben für das Problem schon einen Lösungsvorschlag: ...
- Wir können Ihnen folgende Lösung anbieten : ...
- Wären Sie damit einverstanden, wenn ...
- Wie wäre es, wenn ...
- Könnten wir uns vielleicht darauf einigen, dass ...

Zusagen/Versprechungen machen:

- Wir werden ... (ganz bestimmt/auf jeden Fall/ganz sicher) ...
- Wir werden dafür sorgen, dass ...
- Wir bringen die Angelegenheit (bis ...) in Ordnung. Darauf können Sie sich verlassen.
- Es wird nicht wieder vorkommen.

## Übung

**a) Sprechen oder schreiben Sie einen Dialog.**

Wählen Sie eine der drei angegebenen Situationen oder eine eigene Situation.
In Kapitel 4 hatten Sie die Aufgabe, telefonisch Bestellungen aufzugeben.
Folgendes ist passiert:

| | | |
|---|---|---|
| 1. | 10 Farbdrucker | Die 10 bestellten Farbdrucker wurden Ihnen geliefert. Leider wurde die zusätzliche Papierkassette nicht mitgeschickt - man kann also keine Briefe ausdrucken. |
| 2. | Büromöbel | Sie hatten für Ihre Firma 20 Schreibtische bestellt. Bei zwei der bestellten Schreibtische konnten Sie Kratzer an der Seite feststellen, die ins Auge fallen. |
| 3. | Faxgerät | Sie hatten ein Faxgerät bestellt. Nach einem halben Jahr ist es nun schon zum dritten Mal kaputt. |

| A | B |
|---|---|
| ❍ meldet sich und fragt nach einer bestimmten Person | Δ meldet sich |
| ❍ beschwert sich | Δ entschuldigt sich und fragt nach Einzelheiten |
| ❍ beschreibt die genauen Umstände und nennt seine Erwartungen | Δ macht Lösungsvorschläge |
| ❍ reagiert auf die Lösungsvorschläge | Δ bemüht sich um eine Einigung |
| ❍ bedankt und verabschiedet sich | Δ bedankt und verabschiedet sich |

CD 34-36

**b) Hören Sie die Dialoge und vergleichen Sie.**

## 5. Grammatik: kausale Beziehungen

GR S. 98

### Übung 1

**Bilden Sie Sätze mit *denn* wie im Beispiel.**

Sie ● mit Lieferverzögerung rechnen - zur Zeit kein LKW zur Verfügung

Sie müssen leider mit einer Lieferverzögerung rechnen, denn wir haben zur Zeit keinen LKW zur Verfügung.

1. Wir ● keine Auskunft geben - Informationen noch nicht vorliegen

______________________________________________

______________________________________________

2. Wir ● nicht liefern - Artikel nicht mehr hergestellt

______________________________________________

______________________________________________

3. Wir ● zur Zeit niemanden zur Reparatur schicken - alle Mitarbeiter des Kundendienstes sind im Einsatz

______________________________________________

______________________________________________

4. Autos in gelb nicht mehr lieferbar - Farben im letzten Jahr geändert (nur noch weiß oder blau)

______________________________________________

______________________________________________

5. Wir ● noch keine Zusage machen - wir ● erst Vertragsbedingungen prüfen

6. Wir ● noch keine Preisangaben machen - Preise neu kalkuliert werden

## Übung 2

**Antworten Sie auf die Fragen wie im Beispiel.**

Warum haben Sie den Liefertermin nicht eingehalten?

*Bei der Transportfirma sind Schwierigkeiten aufgetreten, deshalb konnten wir den Liefertermin nicht einhalten.*

1. Warum haben Sie uns nicht rechtzeitig über die Preisänderung informiert?
2. Warum haben Sie uns die Untersuchungsergebnisse nicht mitgeteilt?
3. Warum haben Sie die Besprechung nicht rechtzeitig angekündigt?
4. Warum haben Sie sich nicht an die Verabredung gehalten, die Preise nicht bekannt zu geben?
5. Warum haben Sie die Rechnung noch nicht bezahlt?
6. Warum haben Sie noch immer keinen Mechaniker geschickt?
7. Warum sind Sie zum vereinbarten Termin nicht erschienen?

# 6. Probleme und Lösungen

## Übung 1

Hier finden Sie Vorgänge, die im Geschäftsleben eine große Rolle spielen.
die Rechnung • das Angebot • die Auftragsbestätigung • die Anfrage • die Bezahlung • die Lieferung • der Auftrag • der Lieferschein

**a) Bringen Sie die Vorgänge in die richtige zeitliche Reihenfolge.**

1. Anfrage
2. ____________________
3. ____________________
4. ____________________
5. ____________________
6. ____________________
7. ____________________
8. ____________________

**b) Wo können Fragen/Probleme auftauchen: a) von Seiten des Kunden?**
**b) von Seiten des Lieferanten ?**

**c) Bei welchen Punkten kann man/muss man/müssen Sie verhandeln?**
**(Denken Sie an Preise, Rabatte, Liefertermine Lieferfristen, Schadensersatz usw.)**

**d) Sprechen oder schreiben Sie einen Dialog zu einer Situation, in der Sie verhandeln müssen/wollen oder Probleme zu lösen haben.**

**Redemittel: Lösungsvorschläge machen**

- Wie wäre es, wenn Sie/wir ...
- Könnten/Sollten wir nicht ....
- Sie/Wir könnten/sollten doch vielleicht ...
- An Ihrer Stelle würde ich ...

## Übung 2

**Rollenspiel**

**Wählen Sie aus den folgenden Situationen eine aus und überlegen Sie gemeinsam eine Lösung.**

- Die Lieferfristen sind zu lang. Sie müssen unbedingt verkürzt werden.
- Der von dem Kunden vorgeschlagene Preis ist viel zu niedrig.
- Plötzlich sind Qualitätsmängel aufgetaucht.

- Der Wartungsservice klappt überhaupt nicht.
- Bei den letzten beiden Transporten ist ein Teil der Ware einfach verschwunden.
- Der Kunde hat Zahlungsprobleme.

**Beschreiben Sie die Situation, was Sie ändern wollen, welche möglichen Lösungen es gibt. Bereiten Sie das Gespräch mit einem Kunden vor und spielen Sie es dann.**

**A**

○ begrüßt den Kunden
○ erklärt die Situation
○ nennt Beispiele
○ macht Gegenvorschläge
○ entscheidet sich für die beste Lösung
○ bedankt und verabschiedet sich

**B**

Δ begrüßt den Gastgeber
Δ fragt nach Einzelheiten
Δ macht Vorschläge
Δ vergleicht die Vorschläge miteinander
Δ bedankt und verabschiedet sich

**Redemittel: Nach der Verhandlung das Resultat zusammenfassen**

❍ Wir - haben uns geeinigt (auf .../darauf, dass .../miteinander)
- sind uns einig (über .../darüber, dass .../in dieser Frage)
- sind übereingekommen, dass ...
- haben vereinbart/verabredet/ausgemacht (*eher privat*), dass ...
- stimmen darin überein, dass .../stimmen hinsichtlich ... überein.
- erzielten Übereinstimmung (hinsichtlich .../darin, dass ...)

❍ Wir waren mit den Vorschlägen (der Firma ...) (nicht) einverstanden.
❍ Wir haben den Vorschlägen (der Gegenpartei) zugestimmt.
❍ Wir haben die Vorschläge (der Gegenpartei) abgelehnt.

## Übung 3

**Ergänzen Sie die folgenden Ausdrücke.**

übereinkommen ● zustimmen ● sich einigen ● vereinbaren ● ablehnen ● sich einig sein ● einverstanden sein

1. Ich freue mich, dass wir ________ so schnell ______________________________ haben.
2. Die Gespräche verliefen in freundlicher Atmosphäre. Wir waren ________ sehr schnell ______________________________ .
3. Die Gewerkschaft ist mit den Tarifvorschlägen der Arbeitgeber nicht ______________________________ .

4. Herr Klein hat unserem Vorschlag ______________________ .
5. Haben Sie ________ auf einen Preis ______________________ können ?
6. Herr Schmidt und Herr Kuhn sind ________ in diesem Punkt ______________________ .
7. Wie waren die Verhandlungen? Wir sind ______________________, dass sich die Preise im nächsten Quartal nicht ändern.
8. Die Bedingungen waren unannehmbar. Wir haben sie ______________________ .
9. Hatten wir nicht ______________________ , dass Sie uns über das Verhandlungsergebnis informieren?
10. Ich hätte nicht gedacht, dass ________ die Verhandlungspartner bei so unterschiedlichen Standpunkten doch noch ______________________ .

# KAPITEL 7

| | |
|---|---|
| **Sprechhandlung/Situation:** | eine Besprechung beginnen/beenden<br>an einer Besprechung teilnehmen:<br>- seine Meinung äußern<br>- die Meinung anderer erfragen<br>- jemanden unterbrechen<br>- zustimmen<br>- Zweifel anmelden<br>- widersprechen<br>Statistiken beschreiben<br>etwas erklären |
| **Grammatik:** | Nomen-Verb-Verbindungen |

## 1. Die Besprechung

**Redemittel: eine Besprechung beginnen und beenden**

CD 37

Eine Besprechung beginnen:

- Ich heiße Sie alle zu unserer heutigen Sitzung/Besprechung herzlich willkommen.
- Ich möchte Sie zu unserer heutigen Sitzung/Besprechung ganz herzlich begrüßen.
- Es freut mich, dass Sie alle hier erschienen sind.
- Heute geht es um folgende Themen: ...
- Auf der heutigen Tagesordnung stehen folgende Themen: ...
- Zur Diskussion/Verhandlung stehen heute folgende Tagesordnungspunkte: ...
- Wer möchte als Erster das Wort ergreifen?
- Ich möchte unserem Referenten Herrn .../unserer Referentin Frau ... das Wort geben/ erteilen.

Eine Besprechung beenden:

- Damit sind wir zum Ende der Sitzung/Besprechung gekommen.
- Hiermit möchte ich die Sitzung schließen/beenden.
- Die nächste Sitzung/Besprechung findet am .... statt/wird auf den ... festgesetzt.

# 7

## Redemittel: an einer Besprechung teilnehmen

CD 38

Seine Meinung äußern:

- Ich bin der Meinung/Ansicht/Auffassung, ...
- Meines Erachtens ...
- Meiner Meinung/Ansicht/Auffassung nach ...
- Ich würde sagen/vorschlagen, dass ...
- Ich könnte mir vorstellen, dass ...

Die Meinung anderer erfragen:

- Herr .../Frau ... , was meinen Sie dazu/(zu diesem Thema/Punkt/Problem ...)?
- Herr .../Frau ... , was halten Sie davon/(von diesem Vorschlag/dieser These ...)?
- Herr .../ Frau ... , wie beurteilen Sie denn das/(das Problem/die Sachlage ...)?

Jemanden unterbrechen:

- Darf ich Sie an dieser Stelle mal kurz unterbrechen?
- Dürfte ich dazu auch etwas sagen: ...
- Entschuldigen Sie, dass ich Ihnen ins Wort falle, aber an dieser Stelle sehe ich mich doch gezwungen Folgendes einzuwenden/zu erklären: ...

Zustimmen:

- Da haben Sie recht./Da gebe ich Ihnen recht.
- Das stimmt!
- Das sehe ich auch so.
- Das finde ich auch.
- Da stimme ich Ihnen zu.
- Da gibt es gar keinen Zweifel!
- Ganz meine Meinung! Ich bin ganz Ihrer Meinung.
- Damit bin ich einverstanden.
- Dagegen habe ich nichts einzuwenden.

Zweifel anmelden/Nach einer Begründung fragen:

- Auf der einen Seite haben Sie sicherlich recht, auf der anderen Seite möchte ich doch zu bedenken geben, ...
- Das hat meiner Meinung nach Vor- und Nachteile.
- Ich weiß nicht genau, ob ...
- Ich bin mir nicht sicher, ...
- Das stimmt zwar/klingt zwar recht überzeugend/kann zwar sein, aber
  - können Sie das genauer erklären?
  - was verstehen Sie unter ...?
  - das hängt davon ab, ...
  - es kommt darauf an, ...
- Man sollte doch bedenken, ...

Widersprechen:

- In diesem Punkt/Da bin ich aber ganz anderer Meinung/Ansicht/Auffassung.
- In diesem Punkt kann ich Ihre Meinung leider nicht teilen/kann ich mich Ihrer Meinung nicht anschließen.
- Das sehe ich aber ganz anders/nicht so.
- Ganz im Gegenteil.
- Ich finde nicht, dass ...
- Dagegen lässt sich Folgendes einwenden/erhebe ich folgende Einwände: ...

## Übung 1

**Stimmen Sie zu, melden Sie Zweifel an oder widersprechen Sie und machen Sie einen Gegenvorschlag.**

Wir sollten die Preise dieses Jahr um 5% erhöhen.

*Ich weiß nicht genau, ob eine 5-prozentige Preiserhöhung wirklich zu einem höheren Gewinn führt oder ob wir dadurch nicht Kunden verlieren.*

...

1. Wir brauchen dringend einen übersichtlicheren Prospekt.
2. Wir sollten die Farben schwarz und gelb aus dem Angebot nehmen. Die Trendfarbe ist dieses Jahr blau.
3. Wir müssen unseren Kundenservice erweitern.
4. Wir sollten die Werbeagentur wechseln.
5. Mehr Werbung bedeutet auch mehr Umsatz.
6. Wir sollten unseren Messestand verkleinern. Er ist zu teuer.
7. Wir sollten erst alle Mitarbeiter befragen, bevor wir Maßnahmen treffen.
8. Vielleicht sollten wir die Firma Meier informieren, dass es eventuell Probleme mit der Lieferung gibt.
9. Ab Beginn des Jahres werden unsere Mitarbeiter nicht nur von ihrem jeweiligen Vorgesetzten beurteilt, sondern die Vorgesetzten werden auch von den Mitarbeitern beurteilt.

## Übung 2

**Rollenspiel**

a) **Spielen Sie mit der Gruppe eine Besprechung nach.**
**Legen Sie Ihre Rollen fest (Diskussionsleiter, Mitarbeiter aus Produktion, Lager, Versand, Buchhaltung ... )**
**Einigen Sie sich auf Tagesordnungspunkte, eventuell aus Übung 1.**

b) **Einigen Sie sich zu zweit auf ein Thema aus der Liste S.82 und bereiten Sie sich auf das Thema vor. Nehmen Sie kontroverse Haltungen ein. Spielen Sie dann das Streitgespräch vor der Klasse und die anderen entscheiden, wessen Argumentation die bessere war.**

- Männer sind bessere Chefs als Frauen.
- Manager verdienen zu viel Geld.
- Die Verkürzung der Arbeitszeit schafft mehr Arbeitsplätze.
- In der entwickelten Industriegesellschaft wird es künftig keine Vollbeschäftigung mehr geben.
- Ein hohes Anpassungsvermögen ist die wichtigste Voraussetzung für einen guten Mitarbeiter.
- In einem vereinten Europa werden die Länder ihre nationale Identität verlieren.

**Wichtig: Sie brauchen natürlich nicht Ihre wirkliche Meinung zu den Thesen zu sagen.**

## Übung 3

**Rollenspiel**
**Bereiten Sie folgende Geschäftsfälle vor und spielen Sie eine Besprechung.**

1. Limonade „Limona"
   Es gibt einen Verkaufsrückgang in den letzten 4 Monaten um 6% !
2. Der Schokoriegel „Lecker" ist ein großer Erfolg auf dem deutschen Markt.
   Der deutsche Hersteller erwartet von Ihrer Firma Ideen für die erfolgreiche Einführung des Artikels in Ihrem Heimatland.
3. Ein Sonderauftrag ist eingegangen, der wegen Zeit- und Personalmangel ohne besondere Maßnahmen nicht zu erfüllen ist.

## 2. Die 10 Gebote der Besprechungsmoderation

**Lesen Sie den Text.**
**Fassen Sie nach jedem Gebot den Inhalt noch einmal kurz mit eigenen Worten zusammen.**

### 1. Gebot : Bereiten Sie sich gut vor!

In der Praxis ist meist nicht die Zeit für eine umfassende Vorbereitung oder, besser (ehrlicher) gesagt, man nimmt sie sich nicht. Der Preis dafür ist in der Regel sehr hoch. Die Zusammenkunft dauert länger als geplant und es kommt nichts oder nicht viel - zumindest nichts Konkretes - dabei heraus. Zu einer guten Vorbereitung gehört zunächst für sich zu klären, ob man von der zu moderierenden Gruppe überhaupt als Moderator akzeptiert wird; wenn nicht, sollte man für Akzeptanz sorgen oder die Aufgabe nicht wahrnehmen. Hat man sich entschlossen zu moderieren, sollte man sich inhaltlich (Worum geht es?), methodisch ( Wie will ich die Gruppe zum Ziel führen?), organisatorisch (Was muss vorbereitet werden?) und persönlich (Worauf muss ich besonders achten?) darauf vorbereiten.

### 2. Gebot: Beginnen Sie positiv!

Zu einem positiven Einstieg gehört es, etwas „für den Bauch" zu tun, d.h., es ist wichtig, ein positives Klima für die gemeinsame inhaltliche Arbeit zu schaffen. Das geht in der Regel vor dem offiziellen Beginn leichter als danach. Das sprichwörtliche Gespräch übers Wetter kann hier gute Dienste tun. Ziel dieser Phase ist es, die Teilnehmer auch psychisch „da sein" bzw. „ankommen" zu lassen.

Ist die Veranstaltung für 9.00 Uhr angesagt, so beginnt diese auch um 9.00 Uhr und nicht 9.05 Uhr oder 9.12 Uhr. Die Anwesenden waren pünktlich und allein das muss belohnt werden.

### 3. Gebot: Legen Sie das Ziel fest!

Nach der Begrüßung geht es darum, die Tagesordnungspunkte abzustimmen und die jeweilige Zielsetzung abzuklären. Oft wird gemäß dem Motto: „Wir wissen zwar nicht, wohin wir wollen, das aber mit aller Kraft" drauflosgearbeitet ohne zu wissen, worum es konkret geht. Die inhaltliche Arbeit sollte auf keinen Fall beginnen, bevor nicht Konsens über die Zielsetzung der Bearbeitung besteht. Es genügt hierzu nicht , dass „ ja jeder weiß" , worum es geht. Das gemeinsam formulierte Ziel wird zum Thema visualisiert und ist somit der „rote Faden" für die Bearbeitung und damit die Leitung der Veranstaltung.

### 4. Gebot: Visualisieren Sie für alle sichtbar mit!

Die Visualisierung beginnt schon vor der Veranstaltung, spätestens aber bei deren Beginn, indem der Moderator das zu bearbeitende Thema aufschreibt. Am besten auf ein Flip-Chart, weil dieses (zu Beginn der Zusammenkunft an die Wand geheftet) sichtbar gehalten werden kann. Danach beginnt ein für alle sichtbares Mitvisualisieren aller wichtigen Inhalte. Der erste Schritt ist die Ergänzung des Themas/der Themen um die jeweilige Zielsetzung (vgl. 3. Gebot). Danach führt er dies während der gesamten Besprechung fort, indem er alle zur Bearbeitung wichtigen Inhalte sichtbar macht.

### 5. Gebot: Erläutern Sie die Vorgehensweise!

Niemand käme auf die Idee ein Haus zu bauen ohne erst einen Plan dafür zu machen. In Besprechungen wird häufig zuerst das Haus gebaut und manch einer wundert sich am Ende, dass - wieder mal - nichts (Konkretes) herausgekommen ist. Hier ist der Moderator aufgerufen darauf zu drängen, dass nach Thema und Ziel auch der Weg verabredet wird, der zur Themenbearbeitung beschritten werden soll. Erst dann wird - nach eben dieser Absprache - das Thema bearbeitet.

### 6. Gebot: Seien Sie neutral!

Der Moderator ist dafür verantwortlich, dass die Gruppe zu einem Ergebnis kommt, nicht aber für dessen Qualität (aus seiner Sicht). Er sollte sich zwar in die Inhalte hineindenken können, aber nicht inhaltlicher Experte sein. Ist er dies aber doch und darüber hinaus, wie in der Praxis so häufig, auch noch inhaltlich Betroffener, wird es für ihn schwierig sein, gut zu moderieren. Geht es nicht anders und will oder muss er die Veranstaltung trotzdem leiten, so muss er versuchen beiden Rollen gerecht zu werden. Er kann dies (wenn überhaupt) z.B. dadurch, dass er in der einen Rolle (Moderator) steht und in der anderen (Teilnehmer-Rolle) sitzt. Äußerst hilfreich kann es in dieser Situation sein, seine inhaltlichen Beiträge in Form von Fragen einzubringen und möglichst wenig direktiv zu wirken (vgl. 7. Gebot).

### 7. Gebot: Führen Sie durch Fragen!

Entscheidungen werden von den Betroffenen dann - am ehesten - mitgetragen, wenn diese sich in der Entscheidung „wiederfinden". Dies kann nur der Fall sein, wenn sie auch gefragt wurden. Der Moderator kann seine Aufgabe deshalb nur aus einer „fragenden Haltung", keinesfalls aus einer „Sage-" oder „Besserwissereihaltung" heraus bewältigen. Er leitet die Gruppe an, ist aber nicht inhaltlicher Entscheider. Nur in der Doppelrolle Moderator und Teilnehmer wird er sich inhaltlich einbringen. Um zu erfahren, was die Gruppe und der Einzelne in der Gruppe will, muss der Moderator aber auf jeden Fall mit (offenen) Fragen arbeiten.

### 8. Gebot: Bleiben Sie beim Thema!

Ein großes Problem betrieblicher Besprechungen ist es, dass Themen immer wieder „zerredet" werden. Hier profitiert der Moderator von seiner sauberen Vorarbeit beim Einstieg. Die gemeinsam formulierte Zielsetzung - vgl. 3. Gebot - gibt ihm immer (wieder) die Möglichkeit nachzufragen, ob das momentan Diskutierte zum Thema bzw. zur Zielsetzung passt, um so den „roten Faden" zu behalten bzw. wieder zu finden.

### 9. Gebot: Achten Sie auf konkrete Vereinbarungen!

Der Moderator ist dafür da, dass der Witz: „Was ist eine Besprechung? Nun, es gehen viele hinein und es kommt nichts dabei raus" sich nicht bestätigt. Das bedeutet, dass er mit Akribie darauf zu achten hat, dass das angestrebte Ziel erreicht wird und konkrete Maßnahmen nach dem Muster „wer macht was bis wann" beschlossen werden. Hilfreich ist hierzu ein vorab visualisierter Maßnahmenkatalog mit den entsprechenden Spalten, in den dann die Beschlüsse eingetragen werden.

### 10. Gebot: Schließen Sie positiv ab!

Die Teilnehmer sollen die Besprechung in positiver Stimmung und mit dem Vorsatz, die beschlossenen Maßnahmen in die Tat umzusetzen, verlassen. Hierzu kann ein ehrlicher Dank an die Gruppe und ein positiver Abschluss verhelfen. Ein Beispiel: Ich bin mir sicher, dass in den vorliegenden 10 Geboten der eine oder andere Tipp für Sie dabei war, den Sie nutzen möchten um Ihre Besprechungen und Sitzungen noch effektiver zu gestalten - viel Spaß dabei!

## Übung

**a) Erklären Sie die unterstrichenen Textstellen mit den folgenden Ausdrücken.**

mit großer Genauigkeit • eine bestimmte Richtung vorgebend • sich etwas vorstellen können • sichtbar dargestellt • planlos beginnen zu arbeiten • nicht annehmen, ablehnen • nützlich sein • Einigung besteht • die Leitlinie • sollte • zu besprechen • zu lange und nicht konstruktiv über etwas reden • verstanden und mitverantwortet • jemand glaubt, alles besser zu wissen

Z. 12: eine Aufgabe nicht wahrnehmen ___nicht annehmen, ablehnen___
Z. 24: etwas kann gute Dienste tun ______
Z. 34: die jeweilige Zielsetzung abklären ______
Z. 36: drauflosarbeiten ______
Z. 38: Konsens besteht über die Zielstellung ______
Z. 42: etwas wird visualisiert ______
Z. 42: der „rote Faden" für die Bearbeitung ______
Z. 64: der Moderator ist aufgerufen ______
Z. 74: sich in Inhalte hineindenken können ______
Z. 85: Fragen sollten nicht direktiv wirken ______
Z. 88: Entscheidungen werden mitgetragen ______
Z. 93: „Besserwissereihaltung" ______
Z.102: Themen werden zerredet ______
Z.114: mit Akribie achten auf ______

**b) Diskutieren Sie.**
**Halten Sie die Regeln („Gebote"), die Sie im Text gelesen haben, für richtig? Begründen Sie Ihre Meinung.**
**Sollte man noch andere Dinge beachten?**
**Sollte man überhaupt „Gebote" für einen Besprechungsmoderator/Versammlungsleiter aufstellen? Begründen Sie Ihre Meinung.**

## 3. Grammatik: Nomen-Verb-Verbindungen

Nomen-Verb-Verbindungen bestehen aus
Nomen ( Bedeutungsträger) + Verb (meist ohne Bedeutung, nur grammatische Funktion)
z. B.: Interesse zeigen = sich interessieren für.
Oft können Nomen-Verb-Verbindungen durch einfache Verben ersetzt werden. Wenn Sie sich für die Nomen-Verb-Verbindung entscheiden, wirkt Ihre Sprache offizieller, geschäftsmäßiger.

## Übung 1

**Wählen Sie das richtige Verb und ergänzen Sie.**

| abschneiden • erteilen • haben • melden • fallen • ergreifen • bitten |
|---|

1. während einer Besprechung reden wollen = um das Wort ____________________
   sich zu Wort ____________________
2. zu reden beginnen = das Wort ____________________
3. reden = das Wort ____________________
4. jemanden unterbrechen = jemandem das Wort ____________________
   jemandem ins Wort ____________________
5. jemanden reden lassen = jemandem das Wort ____________________

GR S. 99

## Übung 2

***stellen - stehen - (sich) setzen* in Nomen-Verb-Verbindungen**

**Ergänzen Sie *stellen, stehen oder (sich) setzen* und die richtige Präposition.**

1. Der Chef ____________________ hohe Ansprüche ____________ seine Mitarbeiter.
2. Ich ____________________ großes Vertrauen ____________ meine Kollegen.
3. Die entstandenen Kosten ____________________ wir Ihnen ____________ Rechnung.
4. Bitte ____________________ Sie Herrn Müller von der geplanten Maßnahme ____________ Kenntnis.
5. Ich ________________ mit ihm seit Jahren ____________ Verbindung.
6. Bitte ________________ Sie ____________ mit der Abteilung Verkauf ____________ Verbindung.
7. Nachdem er den Diebstahl bemerkt hatte, ____________________ er ihn ____________ Rede.
8. Er hatte ____________ ____________ Ziel ____________________ die Arbeitsproduktivität zu erhöhen.
9. Er ____________________ Forderungen ohne eine Gegenleistung zu erbringen.
10. Das Thema Arbeitszeitverkürzung ____________________ heute nicht ____________ Diskussion.
11. Ich möchte Folgendes ____________ Diskussion ____________________ : ...
12. Die Unterlagen ____________________ Ihnen jederzeit ____________ Verfügung.

13. Könnten Sie mir diese Unterlagen __________ Verfügung __________________ ?
14. Er __________________ seine Mitarbeiter ständig __________ Druck.
15. Da seine Mitarbeiter immer __________ Druck __________________ , ist das Arbeitsklima sehr schlecht.
16. Wir __________________ Ihnen eine Lohnerhöhung __________ Aussicht.
17. Seine Fähigkeiten __________________ außer Frage.

## Übung 3

***ziehen - bringen - kommen - geraten* in Nomen-Verb-Verbindungen**

**Ergänzen Sie die folgenden Nomen und die richtigen Präpositionen.**

Sprache • Abschluss • Verantwortung • Betracht • Streit • Zweifel • Lehren • Erwägung • Vertrauen • Gedanken

(lernen)
Er muss ___aus___ seinem Verhalten ___die Lehren___ ziehen.

1. (etwas Vertrauliches weitersagen )
   Der Abteilungsleiter zieht seine Mitarbeiter __________ ______________________ .
2. (abschließen)
   Wir haben den Vertrag __________ ______________________ gebracht.
3. (bezweifeln)
   Diese Ergebnisse möchte ich __________ ______________________ ziehen.
4. (sich streiten)
   Er gerät ständig mit seinen Mitarbeitern __________ ______________________ .
5. (sich beschäftigen mit / nachdenken über )
   Ich ziehe Ihren Vorschlag __________ ______________________ .
6. (kein geeigneter Kandidat sein)
   Heinz Krause kommt für diese Stelle nicht __________ ______________________ .
7. (verantwortlich gemacht werden)
   Er wird für seinen Fehler __________ ______________________ gezogen.
8. (eine Idee weiterentwickeln)
   Herr Fleischer, Sie bringen mich da __________ ______________________ .
9. (besprochen werden)
   Bei der Besprechung kamen diese Themen nicht __________
   ______________________ .

## Übung 4

**a) Ordnen Sie den Nomen das richtige Verb zu.**

nehmen (2x) ● spielen ● tragen ● leisten ● üben ● treffen

Kritik ___üben___
Maßnahmen ______________
Rücksicht ______________
Stellung ______________
Kosten ______________
Rolle ______________
Widerstand ______________

**b) Bilden Sie Sätze mit dem richtigen Verb und der richtigen Präposition wie im Beispiel.**

Kritik ● Opposition ● Finanzpolitik der Regierung
Die Opposition übte an der Finanzpolitik der Regierung heftige Kritik.

1. Maßnahmen ● Regierung ● Bekämpfung der Arbeitslosigkeit
______________________________________________
2. Rücksicht ● man ● Kollegen
______________________________________________
3. Stellung ● Betriebsrat ● Konzeptionsvorschlag des Vorstandes
______________________________________________
4. Kosten ● wir ● Transport
______________________________________________
5. Rolle ● Engagement jedes einzelnen ● Erfolg des Unternehmens
______________________________________________
6. Widerstand ● Teil der Bevölkerung ● Pläne der Regierung
______________________________________________

## 4. Statistiken

**Redemittel: eine Statistik beschreiben**

| | |
|---|---|
| ❍ Die Statistik zeigt ... | erstens/zweitens/drittens |
| ❍ Aus der Statistik geht hervor, ... | an erster Stelle/an zweiter Stelle |
| ❍ Es ist zu sehen/zu erkennen, ... | ... liegt bei ... % |
| ❍ Es wird deutlich, ... | hoch/höher/niedrig/niedriger/geringer/etwa gleich |
| ❍ Das deutet darauf hin, dass ... | an der Spitze liegt/steht |
| ❍ Es fällt auf, dass ... | hat zugenommen/ist gestiegen |
| ❍ Im Gegensatz zu ... | hat abgenommen/ist gesunken/ist weniger geworden |
| ❍ Im Vergleich zu ... | |

## Übung 1

**Beschreiben Sie die folgende Statistik mit den angegebenen Redemitteln.**

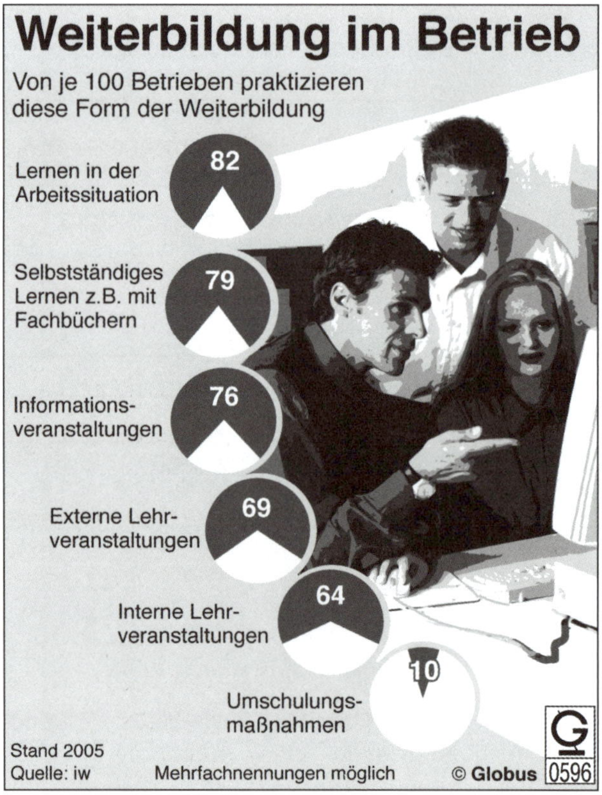

## Übung 2

**Weiterbildung**
**Nehmen Sie mündlich oder schriftlich zu den folgenden Fragen Stellung.**

1. Inwieweit sind Ihrer Meinung nach Betriebe für die Weiterbildung der Mitarbeiter verantwortlich?
2. Haben Sie sich selbst schon weitergebildet? Wenn ja, auf welchem Gebiet? Was würden Sie noch gerne lernen? Welche Weiterbildungsmöglichkeiten bietet Betrieb/Ihr Arbeitgeber den Mitarbeitern an?
3. Was verstehen Sie unter „lebenslangem Lernen" und welche Rolle spielen Weiterbildung und Lernen in Ihrem Beruf?

## Übung 3

**Beschreiben Sie die folgende Statistik mit den angegebenen Redemitteln.**

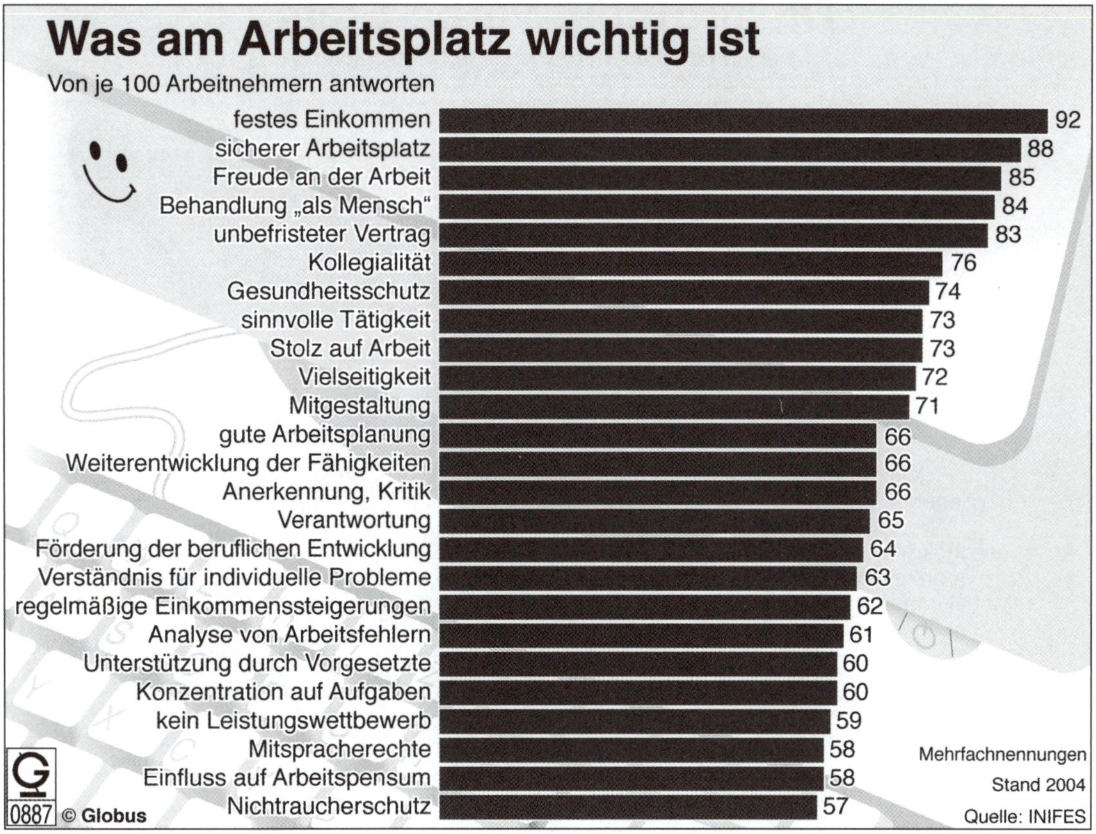

## Übung 4

**Arbeitsplatz - Was ist wichtig?**
**Nehmen Sie mündlich oder schriftlich zu den folgenden Fragen Stellung.**

1. Was ist für Sie am Arbeitsplatz wichtig und warum?
2. In der Statistik steht „Kollegen“ ziemlich weit vorn. Welche Eigenschaften erwarten sie von Ihren Kollegen ?
3. Sicherheit des Arbeitsplatzes - Kann das überhaupt noch garantiert werden oder ist da ein Umdenken erforderlich? Begründen Sie Ihre Meinung.

## Übung 5

**Beschreiben Sie die beiden Statistiken (getrennt voneinander) mit den angegebenen Redemitteln.**

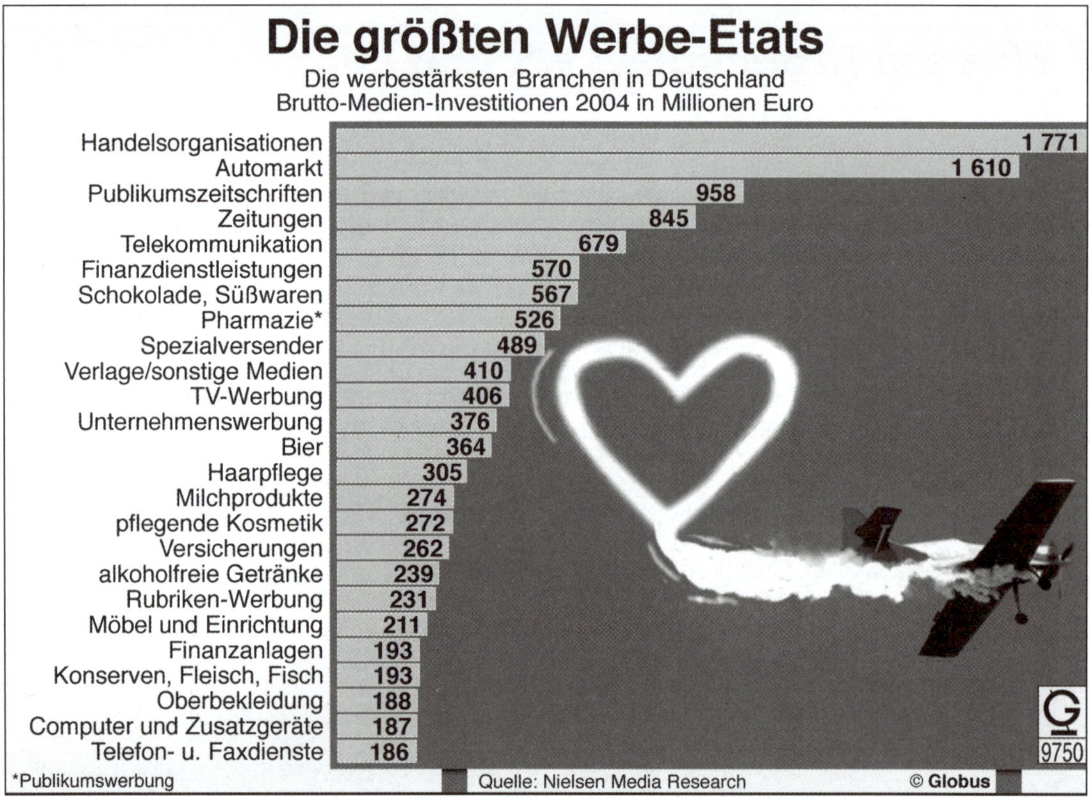

## Übung 6

**Werbung**
**Äußern Sie sich mündlich oder schriftlich zu den folgenden Fragen.**

1. Lassen Sie sich von Werbung zum Kauf animieren oder vom Kauf abhalten? Begründen Sie Ihre Meinung und nennen Sie Beispiele.
2. Welche Werbung gefällt Ihnen/lehnen Sie ab? Beschreiben Sie einen Werbespot und erklären Sie, warum Sie ihn gut/schlecht finden.
3. Werbung im Film oder Film in der Werbung?
   Berichten Sie über Spielfilmunterbrechungen durch Werbung in Ihrem Land.
4. Werbung für Kinder nimmt immer mehr zu. Kindersendungen werden immer häufiger durch lange Werbeblöcke unterbrochen. Sind Kinder ein zum Kauf zu animierender Kundenkreis?
5. Sollte es Grenzen in der Werbung geben, z.B. aus ästhetischen, moralischen, gesundheitlichen, religiösen Gründen? Begründen Sie Ihre Meinung.

# 7 Übung 7

**Werbung in Ihrer Firma**

**Berichten Sie über**

- Werbeträger (Medien, Post, Schaufenster, Freunde ...)
- Werbemittel (Zeitungsinserat, Werbebrief, Werbefilm ...)
- Werbebotschaft
- Zielgruppe
- Werbewirkung.

# ANHANG

| | |
|---|---|
| **Übersichten:** | Modalverben<br>Fragewörter<br>das Genus der Nomen<br>Zeit- und Datumsangaben<br>kausale Beziehungen: Gründe und Folgen<br>Nomen-Verb-Verbindungen |
| **Zusatzübungen:** | Verben mit präpositionalem Objekt<br>Wortschatztest |

## Kapitel 1

### Modalverben: Grundbedeutung

**können**

| | | |
|---|---|---|
| 1. Ich kann dir beim Lösen der Aufgabe helfen.<br>Ich kann Italienisch. | Fähigkeit | Ich bin in der Lage, dir zu helfen.<br>Ich bin fähig, ... / Ich bin imstande ...<br>Ich beherrsche die italienische Sprache. |
| Mit dem gebrochenen Bein kann ich nicht laufen. | Unfähigkeit | Ich bin nicht in der Lage mit diesem Bein zu laufen.<br>Ich bin unfähig, .../ Ich bin außerstande ... |
| 2. Ich kann erst im August Urlaub nehmen. | Möglichkeit | Ich habe erst im August die Möglichkeit, Urlaub zu nehmen.<br>Es ist (mir) erst im August möglich, ... |
| 3. Du kannst noch ein Eis essen. | Erlaubnis | Ich erlaube dir, noch ein Eis zu essen.<br>Es ist möglich, dass ... |

**dürfen**

| | | |
|---|---|---|
| 1. Man darf nur im Lehrerzimmer rauchen. | Erlaubnis | Nur im Lehrerzimmer ist es erlaubt/gestattet/möglich zu rauchen. |
| Darf/Dürfte ich Ihnen noch etwas anbieten? | höfliche Frage | Würden Sie mir erlauben Ihnen noch etwas anzubieten ?<br>Wäre es Ihnen recht, wenn … |

| | | |
|---|---|---|
| 2. In dieser Straße darf man nicht parken. | Verbot | Es ist verboten/untersagt, hier zu parken. |
| Du darfst diesen Film nicht sehen. | | Es ist nicht erlaubt/nicht gestattet, ... Ich erlaube dir nicht/verbiete dir ... |
| **wollen** | | |
| 1. Wir wollen dieses Jahr nach Spanien fahren. | Absicht/Plan/ Wunsch | Wir beabsichtigen dieses Jahr nach Spanien zu fahren. Wir haben die Absicht/haben uns vorgenommen ... |
| Ich will heute nicht mitkommen. | | Ich bin nicht bereit/beabsichtige nicht ... |
| **möchte-** | | |
| 1. Ich möchte mit dir ins Kino gehen. | Wunsch/ Absicht | Ich habe den Wunsch/die Absicht ... Es wäre schön, wenn ich mit dir mal ins Kino gehen könnte |
| 2. Schönen Gruß von Petra. Du möchtest sie bitte anrufen. | Weiterleitung einer Bitte | Petra bittet dich sie anzurufen. |
| **mögen** | | |
| 1. Ich mag Jazz-Musik. | Gefallen/ Zuneigung | Ich höre Jazz-Musik sehr gern./ Jazz-Musik gefällt mir. |
| 2. Schlager mag ich überhaupt nicht. | Abneigung | Schlager gefallen mir überhaupt nicht. |
| **müssen** | | |
| 1. Ich bin krank. Ich muss zum Arzt gehen. | Notwendigkeit | Es ist notwendig/erforderlich, dass ich zum Arzt gehe. Ich habe keine andere Möglichkeit. |
| 2. Jeder arbeitende Mensch muss Steuern zahlen. | Pflicht | Das Gesetz verlangt ... |
| 3. Der Anwalt muss seine Mandanten vor Gericht verteidigen. | Pflicht/ Aufgabe | Er hat die Aufgabe, die Pflicht ... Es gehört zu seinem Beruf ... |
| 4. Sie müssen kein Geld mitnehmen. = Sie brauchen kein Geld mitzu- nehmen. | keine Notwendigkeit | Es ist nicht erforderlich, dass Sie Geld mitnehmen. |
| **sollen** | | |
| 1. Ich soll hier etwas abholen. | Auftrag | Jemand wünscht/verlangt, dass ich hier etwas abhole. |
| 2. Sag Sascha, er soll mich anrufen. | Auftrag/Bitte an (von) eine(r) dritte(n) Person | Sag Sascha, dass ich seinen Anruf erwarte. |
| Du sollst Gabi anrufen. | | Gabi möchte/erwartet, dass du sie anrufst. |

| | | |
|---|---|---|
| 3. Soll ich Italienisch oder Französisch lernen? | Bitte um Rat | Was rätst du mir zu tun ? |
| 4. Soll ich uns noch einen Kaffee machen? | Frage nach dem Wunsch eines anderen | Möchten Sie noch einen Kaffee? |
| 5. Man soll immer hilfsbereit sein. | moralische Pflicht | Jeder Mensch hat die Pflicht hilfsbereit zu sein. |
| 6. Du sollst doch nicht im Auto essen. | Wiederholung einer Aufforderung | Ich habe dir schon 100 Mal gesagt, dass ich nicht möchte, dass du im Auto isst. |
| 7. Du solltest weniger rauchen. (Konj. II) | Empfehlung | Ich empfehle dir weniger zu rauchen. |
| 8. Solltest Sie Zeit haben, dann kommen Sie vorbei. (Konj. II) | Bedingung | Falls/Wenn Sie Zeit haben, (dann) kommen Sie vorbei. |

# Kapitel 2

## Fragewörter

| | |
|---|---|
| was | (was für ein, was für eine, was für eins, was für ...) |
| welcher, welche, welches | |
| wie | (wie viel, wie lange, wie lang, wie groß, wie oft, wie weit ...) |
| wer, wessen, wem, wen | |
| | (von wem, mit wem, für wen ...) |
| wo, woher, wohin | |
| | (woran, worauf, wofür, womit, worüber ...) |
| warum, weshalb, wieso | |
| | (aus welchem Grund) |
| wozu | (mit welcher Absicht, zu welchem Zweck) |
| wann | (seit/bis wann) |

## Das Genus der Nomen

**Wann ist ein Nomen maskulin, feminin oder neutrum?**

| | |
|---|---|
| der Mercedes | maskulin, weil es eine Automarke ist |
| die Konferenz | feminin, weil sie auf *-enz* endet |
| das Datum | neutrum, weil es auf *-um* endet |
| der Baum | bei Baum und vielen anderen Wörtern ist die Bestimmung des Genus nicht möglich, der Artikel ist in diesen Fällen willkürlich. |

Man sollte den Artikel gleich mit dem Nomen lernen.

**Einige Regeln**

**Maskulin sind:**

| | | |
|---|---|---|
| 1. Nomen auf | - ling (der Liebling) | |
| | - ig (Käfig) | |
| | - ismus (der Sozialismus) | |
| | - ist (der Jurist) | |
| | - or (der Organisator) | |
| | - ent (der Referent) | |
| 2. die meisten Nomen auf | - en (der Hafen) | |
| | - er (der Körper) | (aber: die Nummer) |
| | - el (der Schlüssel) | |

3. Wochentage, Monate, Jahreszeiten: der Montag, der Mai, der Sommer, ...
4. Himmelsrichtungen: der Norden, ...
5. Automarken: der Mercedes, ...
6. Alkoholische Getränke: der Wein, der Wodka, ... (aber: das Bier )

**Feminin sind:**

| | | |
|---|---|---|
| 1. Nomen auf | - heit (die Gesundheit) | |
| | - keit (die Tätigkeit) | |
| | - schaft (die Freundschaft) | |
| | - ung (die Wohnung) | |
| | - ie (die Kopie) | |
| | - ik (die Technik) | |
| | - ion (die Information) | |
| | - enz (die Konferenz) | |
| | - anz (die Toleranz) | |
| | - ur (die Kultur) | |
| 2. die meisten Nomen auf | - e (die Liebe, die Sache) | (aber: der Name, der Käse) |

3. Schiffs- und Flugzeugnamen: die Titanic, die Boing, ...
4. die Ziffern: die Eins, die Zwei, ...
5. viele Namen von Bäumen, Garten- und Topfblumen: die Buche, die Nelke, die Geranie, ...

**Neutrum sind:**

| | |
|---|---|
| 1. Nomen auf | - chen (das Mäuschen, das Mädchen) |
| | - lein (das Fräulein, das Büchlein) |
| 2. die meisten Nomen auf | - nis (das Verständnis, das Ergebnis) |
| 3. Nomen auf | - um (das Studium, das Datum) |

4. als Nomen gebrauchte Adjektive: das Gute, das Schlechte, ...
5. als Nomen gebrauchte Verben: das Essen, das Trinken, ...

# Kapitel 3

## Zeit- und Datumsangaben

| | | | | | |
|---|---|---|---|---|---|
| (**um**) 8.00 (Uhr) | **am** | Dienstag | **in** | der Nacht |
| Mitternacht | | Tag | | den Ferien |
| | | Morgen/Abend | | der Steinzeit |
| | | Vormittag/Nachmittag | **im** | Mai |
| | | 3. (dritten) März | | Sommer |
| | | Wochenende | | Moment/Augenblick |
| | | Anfang | | Jahre 1920 |
| 1929 | (**zu**) Weihnachten | | **bei** | Tagesanbruch |
| **Ende** der Woche | (süddt. an Weihnachten) | | | Sonnenuntergang |
| **Mitte** Mai | **zur** | Mittagszeit | | |
| **Anfang** des Monats | aber: zu Beginn des Monats | | | |

| | |
|---|---|
| Jeder Tag ist schön. (Nom.) | Jeden Tag gingen wir am Strand spazieren. (Akk.) |
| Welches Datum ist heute? | |
| Der Wievielte ist heute? | - der -te/-ste (der zweite Februar) |
| Den Wievielten haben wir heute? | - den -ten/-sten (den zweiten Februar) |
| Am Wievielten war das? | - am -ten/-sten (am zweiten Februar) |
| Von wann bis wann ...? | - vom -ten/-sten bis zum -ten/-sten |

**Wann?**

| | |
|---|---|
| **Wann** kommen Sie? | Morgen. |
| **Seit wann** arbeiten Sie schon hier? | **Seit** einem Jahr. |
| **Bis wann** bleiben Sie? | **Bis** morgen. |
| **Wie lange** dauert die Besprechung? | **Von** 12.00 **bis** 24.00 Uhr. |
| **Wann war** das? | Das **war vor** einem Jahr. |
| **Wann ist** das? | Das **ist in** einem Jahr. |
| aber: | |
| **Wie lange ist das her**? | Das **ist** ein Jahr **her**. |
| **Wann besuchst** du ihn? | Morgen. |
| | **Wenn** ich wieder in München bin. |
| **Wann hast** du ihn das letzte Mal **besucht**? | Im Mai. |
| | **Als** ich letzten Sommer in München war. (*einmalig*) |
| | Ich habe ihn immer besucht, wenn ich in München war. (*mehrmals/öfter/immer*) |

# Kapitel 6

## Kausale Beziehungen: Gründe und Folgen

**1. Angabe des Grundes (weil, da, denn, wegen) und der Folge (deshalb, deswegen, darum)**
Grund: Es gab Schwierigkeiten bei der Produktion.
Folge: Der Auftrag konnte noch nicht erledigt werden.

**a) verbal**
Hauptsatz - Nebensatz: Folge - Grund (oder umgekehrt)
Der Auftrag ***konnte*** noch nicht erledigt werden, **weil/da** es bei der Produktion Schwierigkeiten ***gab***.
Hauptsatz - Hauptsatz: Folge - Grund
Der Auftrag ***konnte*** noch nicht erledigt werden. Es ***gab*** Schwierigkeiten bei der Produktion.
Der Auftrag ***konnte*** noch nicht erledigt werden, **denn** es ***gab*** Schwierigkeiten bei der Produktion.
Der Auftrag ***konnte*** noch nicht erledigt werden. Es ***gab*** **nämlich** Schwierigkeiten bei der Produktion.
Hauptsatz - Hauptsatz: Grund - Folge
Es ***gab*** Schwierigkeiten bei der Produktion, **deswegen/deshalb/darum** ***konnte*** der Auftrag noch nicht erledigt werden.

**b) nominal** (*schriftlich*)
**Wegen** Schwierigkeiten bei der Produktion ***konnte*** der Auftrag noch nicht erledigt werden.

**2. Angabe der nicht erwarteten Folge (obwohl, trotzdem, trotz)**

**a) verbal**
Hauptsatz - Nebensatz : nicht erwartete Folge - Grund (oder umgekehrt)
Wir ***konnten*** den Auftrag termingerecht erledigen, **obwohl** es Schwierigkeiten bei der Produktion ***gab***.
Hauptsatz - Hauptsatz: Grund - nicht erwartete Folge
Es ***gab*** Schwierigkeiten bei der Produktion, **trotzdem** ***konnten*** wir den Auftrag termingerecht erledigen.

**b) nominal** (*schriftlich*)
**Trotz/Ungeachtet** einiger Schwierigkeiten in der Produktion ***konnten*** wir den Auftrag termingerecht erledigen.

# Kapitel 7

## Nomen-Verb-Verbindungen mit *stellen, stehen* und *(sich) setzen*

**stellen:**

Ansprüche
einen Antrag
eine Bedingung
eine Forderung
etwas in Aussicht
etwas in Frage
etwas in Rechnung
etwas zur Verfügung
etwas zur Diskussion
jemanden zur Rede

**stehen:**

unter Druck
unter dem Einfluss von jemandem
mit jemandem in Verbindung
etwas steht
- außer Frage
- außer Zweifel
- im Widerspruch zu
- im Zusammenhang mit
- zur Diskussion
- zur Verhandlung
- zur Verfügung

**(sich) setzen:**

etwas in Betrieb/Gang
jemanden in Kenntnis
jemanden unter Druck
sich etwas zum Ziel
sich zur Wehr
sich zur Ruhe
Vertrauen in jemanden
sich mit jemandem in Verbindung
jemanden unter Druck

# Zusatzübungen

## Verben mit präpositionalem Objekt

Hier finden Sie einige in der Geschäftssprache häufig verwendete Verben mit den dazugehörenden Präpositionen.

**Bilden Sie Sätze mit den angegebenen Nomen.**

**1. Akkusativ**

achten auf (Qualität) — Wir achten auf Qualität.
ankommen auf (Pünktlichkeit)
sich beziehen auf (Schreiben)
hinweisen auf (Prospekt)
warten auf (Lieferung)
berichten über (Stand der Produktion)
diskutieren über (Personalfragen)
sich freuen über (Auftrag)
bitten um (baldige Mitteilung)
sich handeln um (neue Materialien)
gehen um (neues Projekt)
sich kümmern um (Beseitigung der Mängel)
sich entscheiden für (andere Transportfirma)
sich interessieren für (Artikel Nr. 35)
sorgen für (sicherer Transport)

**2. Dativ**

passen zu (Unternehmensphilosophie)
gehören zu (neue Herbstkollektion)
einladen zu (Geschäftsessen)
sich beschäftigen mit (neue Forschungsergebnisse)
rechnen mit (Zusage)
bestehen aus (Holz)
erwarten von (Sie - schnelle Zusage)
profitieren von (Zusammenarbeit)
helfen bei (Bewältigung der Probleme)
fragen nach (Weg)
sich richten nach (Preise - Weltmarkt)

**3. Akkusativ oder Dativ**

teilnehmen an (D) (Konferenz)
denken an (A) (Vertiefung der Beziehungen)
erinnern an (A) (Zahlungstermin)
schreiben an (A) (neuer Kunde)
liegen an (D) (Sie)
sich wenden an (A) (Sie - in folgender Angelegenheit:)

# Großer Wortschatztest

**Ergänzen Sie.**

Punkte

1. Ich wollte mich bei Ihnen ______________________, wann die Lieferung rausgegangen ist. 1
2. Bitte geben Sie mir sofort ______________________, wenn Sie es wissen. 1
3. Herr Meyer ist heute leider nicht im Hause, aber kann ich ihm vielleicht etwas ______________________? 1
4. ❍ Können wir einen Termin ______________________? 1
   Δ Ja, wann ______________________________________________? 2
5. ❍ Ich habe gestern versucht, Sie telefonisch zu erreichen, aber Sie waren nicht da.
   Δ Ja, das ______________________. Ich hatte gestern 1
   ______________________. 1
6. Das ist leider nicht möglich, aber ich kann Ihnen folgenden ______________________ machen. 1
7. Haben wir für den Vertragsabschluss alles ______________________ besprochen? 1
8. Soll ich Ihnen das schriftlich ______________________? 1
9. Halten Sie mich bitte auf dem ______________________. 1
10. ❍ Ich werde dafür sorgen, dass die Sache schnell ______________________ wird. 1
    Δ Danke, das ______________________________________________. 2
11. Wenn Sie nicht ______________________ liefern können, kommen wir in große 1
    ______________________. 1
12. Tut mir leid, aber wir müssen den Termin ______________________. 1
13. Warum können Sie die Lieferfrist nicht ______________________? 1
14. Könnten wir uns vielleicht auf Folgendes ______________________? 1
15. Der Preis ist zu hoch!
    Er muss ______________________ werden. 1
    Oder Sie müssen uns einen ______________________ geben. 1
16. Sie sind jetzt zum 3. Mal in Zahlungsverzug. Wir müssen wirklich auf einer
    ______________________ ______________________ bestehen, sonst sehen 2
    wir uns gezwungen, ______________________________________________. 2
17. Wir bitten Sie darum, die Rechnung möglichst bald zu ______________________. 1
18. Wir können Ihnen keinen Preisnachlass ______________________. 1

Punkte

19. Sie hatten uns ____________________________ die Dosen am Dienstag zu liefern, heute 1
haben wir Donnerstag. Was ist bitte der ____________________________ für diese 1
____________________________? 1

20. ❍ Hier steht 30, es müssen aber 33 sein!
Δ Oh, ich bitte um ____________________________ . 1
Δ Da ist uns wahrscheinlich ein ____________________________ unterlaufen. 1
Δ Das ist mir wirklich ____________________________ . 1

21. Sie haben sich nicht an den Vertrag ____________________________ . 1

22. ❍ Und was ist bei den Verhandlungen herausgekommen?
Δ Wir haben die Vorschläge der Gegenseite ____________________________. 1

23. In diesem Punkt bin ich ganz ____________________________ Meinung. 1

24. Zur Diskussion ____________________________ heute folgende 1
____________________________ : 1

25. Ich möchte unserer Referentin Frau Schmidt das Wort ____________________________ . 1

**Punkte:** ______ / 40 ______

**Auswertung:**
40 - 35 Punkte: ausgezeichnet
34 - 28 Punkte: gut
27 - 20 Punkte: nicht schlecht
weniger als 20 Punkte: Sie müssen sich verzählt haben!

# LÖSUNGEN UND MODELLDIALOGE

## Kapitel 1

Vorbemerkung
Ein Thema wie Etikette und Umgangsformen ist ein schwieriges und sensibles Gebiet. Man kann eigentlich nicht über „*die* Deutschen" sprechen, die etwas so oder so machen. Es gibt viele Deutsche, die sich alle voneinander nicht nur in ihren Äußeren, sondern auch in ihren Verhaltensweisen unterscheiden. Wir können hier nur ein paar Empfehlungen geben und darum bitten, unsere Bemerkungen auch als solche zu verstehen, damit Sie bestimmte deutsche Eigenheiten besser einordnen und sich ein bisschen sicherer im Umgang mit den Deutschen bewegen können.

### S. 6 Ü 1

Guten Tag!: tagsüber/du+Sie/überregional; Guten Abend!: abends/du+Sie/überregional; Grüß Sie!: tagsüber/Sie/überregional; Hallo!: tagsüber/du (selten Sie)/überregional; Grüß Dich!: tagsüber/du/überregional; Grüß Gott!: morgens+tagsüber+abends/du+Sie/in Süddeutschland+in Österreich; Grüezi!: morgens+tagsüber+abends/du+Sie/in der Schweiz; Mahlzeit!: mittags/du+Sie/vorwiegend im Betrieb; Tag!: tagsüber/du (selten Sie)/in Norddeutschland. „Mahlzeit!" ist die Kurzform von „Ich wünsche Ihnen eine gesegnete Mahlzeit!" und somit auf mittags, die Betriebskantine und den Weg dorthin beschränkt. Diese Grußformel wirkt sehr umgangssprachlich. Sagen Sie bitte „Mahlzeit!" nicht am Telefon.

### S. 7 Ü 2

2. du - ihr 3. du - ihr 4. Sie 5. Sie 6. Sie
**Anmerkung:** Bei Kollegen und Geschäftsfreunden ist die Anredeform abhängig vom Grad der Bekanntheit, von der Branche, vom Alter und der Stellung. Ist man mit jemandem näher bekannt oder befreundet, verwendet man die informelle Anrede. Auch im Bereich der Informatik oder auf künstlerischen Gebieten wird häufig geduzt. Im Bank- und Finanzwesen bevorzugen Mitarbeiter oft die formelle Form. Es ist in Deutschland nicht selten, dass Kollegen 20 oder mehr Jahre im selben Zimmer arbeiten und sich trotzdem siezen.

### S. 7 Dialog 1: Vorstellung

A: Darf ich mich vorstellen, mein Name ist Paul Ehrlich.
B: James Lang. Es freut mich, Sie kennenzulernen.
A: Ganz meinerseits.
Darf ich Sie mit Frau Dr. Klein bekannt machen?

### S. 7 Dialog 2: Vorstellung

A: Paul Ehrlich, guten Tag.
B: Angenehm. James Lang.
A: Herr Lang! Nett, Sie mal persönlich kennen zu lernen.
Darf ich Ihnen Frau Dr. Klein vorstellen?

### S. 8 Dialog: Gesprächseröffnung

A: Brown, guten Tag. Herzlich willkommen bei ATA.
B: Friedhelm Müller. Es freut mich, Sie kennnen zu lernen, Herr Brown.
A: Ganz meinerseits. Nehmen Sie doch Platz. Darf ich Ihnen etwas zu trinken anbieten?
B: Ja gern, einen Kaffee bitte.
A: Wie war die Fahrt?
B: Danke gut. Wir sind mit dem Zug gereist und sind sehr pünktlich hier angekommen.
A: Wie lange fährt man von München?
B: Ungefähr 10 Stunden.
A: Das ist doch eine lange Zeit.
B: Die Zeit vergeht sehr schnell. Man kann etwas arbeiten, Zeitung lesen oder so etwas.
A: Waren Sie schon im Hotel und haben Sie schon etwas von der Stadt gesehen?
B: Nein, ich hatte leider noch keine Zeit dazu. Aber morgen würde ich mir die Stadt gern ansehen.

A: Wir haben einen berühmten Dom. Den sollten Sie unbedingt besichtigen. Und die Picasso-Ausstellung im Stadtmuseum, die ist sicher auch empfehlenswert. ... Ah, da kommt der Kaffee.

B: Vielen Dank.

A: Ich würde vorschlagen, dass wir gleich mit dem geschäftlichen Teil beginnen.

## S. 9 Ü 1

Tschüs!: du + (oft) Sie/überregional; Servus!: du + Sie/in Süddeutschland+in Österreich; Ciao!: du/überregional; Bis bald!: du + Sie/überregional

„Bis bald!" kann auch hinter den anderen Verabschiedungsformeln stehen.

## S. 9/10 Ü 2

Angegeben ist immer nur eine von mehreren möglichen Antworten. 1. Schönes Wochenende! 2. Schönen Feierabend! 3. Fröhliche Weihnachten! 4. Ich wünsche Ihnen (dir) ein gesundes und erfolgreiches Neues Jahr! 5. Frohe Ostern! 6. Viel Spaß im Urlaub und erholen Sie sich gut! 7. Gute Besserung! 8. Gute Fahrt! 9. Viel Erfolg bei den Verhandlungen! 10. Ich gratuliere Ihnen zu Ihrem Erfolg! 11. Hals- und Beinbruch! 12. Guten Flug! 13. Ich gratuliere Ihnen (dir) zur bestandenen Prüfung! 14. Herzlichen Glückwunsch zum Geburtstag! 15. Herzlichen Glückwunsch zur Hochzeit! 16. Danke gleichfalls! 17. Mein herzliches (aufrichtiges) Beileid! 18. Übermitteln Sie Ihrer Frau bitte meine besten Wünsche und gute Besserung!

## S. 11 Ü 1

1. stimmt 2. stimmt nicht 3. stimmt 4. stimmt nicht 5. stimmt 6. stimmt 7. stimmt 8. stimmt 9. stimmt nicht 10. stimmt nicht 11. stimmt

Einige Bemerkungen zum Thema **Umgangsformen:**

## S. 12 Ü 2

1. Die offene Kritik, die geübt wird, wenn jemand gegen Normen verstößt, betrifft in erster Linie die Deutschen selbst. Ausländern gegen-über ist man zurückhaltender.

2. Das Anbehalten der Jacke kann man vor allem beim höheren Management und im Bankwesen beobachten. Aber auch dort gestattet z.B. während einer Besprechung der Leiter sehr oft, dass die Jacken abgelegt werden können. Als Frau sollte man sich übrigens auch an eine bestimmte Kleiderordnung halten. Nicht sehr erwünscht sind zu kurze Röcke und Jeans.

3. und 4. Wenn man jemandem das *Du* anbieten will, sollte man sich nach einer gewissen hierarchischen Struktur richten. Normalerweise kann der Ältere dem Jüngeren, der Vorgesetzte dem Untergebenen das *Du* anbieten. (Sie sehen, dass es unter bestimmten Umständen gar nicht so einfach ist, den Vorschlag zur informellen Anrede machen zu können.) Sollte Ihnen das Angebot nicht recht sein, dann lehnen Sie den Vorschlag höflich ab.

5. In „jungen" Branchen ist vieles ungezwungener und informeller.

6. und 7. Das Verhalten der Kollegen untereinander ist in Deutschland freundlich, aber nicht zu persönlich. Es ist wichtig, dass man sich grüßt. Der Mittagsgruß „Mahlzeit!" wird im höheren Management selten verwendet. Dort grüßt man mittags auf dem Gang mit „Guten Tag!", beim Essen selbst mit „Guten Appetit!". Leute, die nicht grüßen, kommen schnell in den Ruf unfreundlich zu sein.

8. Genau so wichtig wie das Grüßen ist die Pünktlichkeit. Selbst die viertelstündige Verspätung des Professors ist eigentlich nicht akzeptabel.

9. Diese Beziehung kann sehr unterschiedlich sein. Sie ist z. B. von der Branche, der Größe des Betriebs oder der Art der Arbeit abhängig. Oft gibt es in Verträgen genaue Festlegungen, die Arbeitszeiten oder Überstunden regeln und die auch eingehalten werden. Variable Arbeitszeiten oder Samstags- und Sonntagsarbeit setzten sich in Deutschland langsamer durch als in anderen europäischen Ländern.

10. Die Meinung, Scherze hätten am Arbeitsplatz nichts zu suchen, geht auf die strenge Trennung zwischen Privat- und Berufsleben zurück, die sich in vielen Bereichen des deutschen Lebens widerspiegelt. Deshalb gelten die Deutschen international als etwas humorlos. (Wenn Sie einen Deutschen/eine Deutsche mal näher kennen lernen, werden Sie feststellen, dass das ein Vorurteil ist.) In der letzten Zeit hat sich diese strikte Trennung ein wenig gelockert und man trifft immer mehr Geschäftsleute, die ihren Humor auch auf das Geschäftsleben übertragen.

**S. 12 Ü 4**

1. und 4. Auf den Visitenkarten findet man den ausgeschriebenen Vor- und Zunamen, einschließlich eventueller akademischer Titel und die Geschäftsadresse. Nicht selten steht auch die Privatadresse auf der Karte, was aber nicht heißt, dass Sie den Geschäftspartner auch zu Hause anrufen dürfen. Das sollten Sie nur tun, wenn Ihr Geschäftspartner Sie dazu aufgefordert hat.
2. Gesprächsthemen, die man meiden sollte, sind die Konkurrenz und die Politik. Auch über Privates sollte man nur mit etwas Zurückhaltung reden. Zu empfehlen sind sachliche Themen, die sich auf das Geschäftliche beziehen oder ein neutrales Thema wie Hobbys oder Urlaub.
3. Die Deutschen essen in der Regel mittags warm, abends kalt oder warm. Als Getränk wird Mineralwasser immer beliebter, auch Alkohol ist zu einem Geschäftsessen möglich, z.B. Wein. In Bayern trinkt man zum Mittagessen gern Bier.
5. Kommen Sie nicht gleich mit Geschenken an. Wenn Sie aber doch etwas schenken wollen, dann z.B. etwas Typisches aus Ihrer Heimat, ein Buch, eine Flasche Champagner oder eine gute Flasche Wein.
6. etwa 10%
(Wir danken Prof. K.F. Hagenmüller für seine Hinweise.)

**S. 12/13 Ü 1**

1. arbeitet 2. Liest 3. muss 4. fängt 5. Spricht 6. Magst 7. fahrt 8. Können 9. Habt 10. sind, bist 11. Wissen, Weißt, Wisst 12. wollen, willst

**S. 13 Ü 2**

habe, hast, hat, haben, habt, haben / hatte, hattest, hatte, hatten, hattet, hatten / bin, bist, ist, sind, seid, sind / war, warst, war, waren, wart, waren / werde, wirst, wird, werden, werdet, werden / wurde, wurdest, wurde, wurden, wurdet, wurden / weiß, weißt, weiß, wissen, wisst, wissen / wusste, wusstest, wusste, wussten, wusstet, wussten / mag, magst, mag, mögen, mögt, mögen / mochte, mochtest, mochte, mochten, mochtet, mochten / kann, kannst, kann, können, könnt, können / konnte, konntest, konnte, konnten, konntet, konnten / will, willst, will, wollen, wollt, wollen / wollte, wolltest, wollte, wollten, wolltet, wollten / muss, musst, muss, müssen, müsst, müssen / musste, musstest, musste, mussten, musten, musstet, mussten / darf, darfst, darf, dürfen, dürft, dürfen / durfte, durftest, durfte, durften, durftet, durften / soll, sollst, soll, sollen, sollt, sollen / sollte, solltest, sollte, sollten, solltet, sollten

**S. 14 Ü 3**

sollten / mussten / wurde / durften / wusste / wollte / Hatten / Warst / konnten

**S. 14/15 Ü 4**

1. Frau Krause hat drei Tage im Hotel übernachtet. 2. Zuerst sind wir 10 Stunden über den Atlantik geflogen und danach 3 Stunden mit dem Zug gefahren. 3. Wir sind pünktlich in Rom angekommen. 4. Leider habe ich vergessen Sie zu benachrichtigen. 5. Frau Klein hat uns nicht informiert. 6. Die Sitzung hat bereits angefangen. 7. Wir haben die Ware bereits vor 3 Wochen bestellt.

**S. 15 Ü 5**

z. B. Hast du schon die Firma Siebert angerufen? / Tut mir leid, ich habe dich nicht gesehen. / Wir haben den Chef auch eingeladen. / Wir haben die Arbeit noch nicht beendet. / Haben Sie auch an die Abrechnung gedacht?

**S. 15/16 Ü 7**

1. Haben, gefunden 2. sind, geflogen 3. Haben, gegessen, 4. Sind, gekommen 5. sind, umgestiegen 6. Habe, bekannt gemacht 7. Haben, studiert 8. haben, gearbeitet 9. Hat, geschneit 10. hat, begonnen 11. Haben, interessiert 12. Haben, abgeschickt 13. Haben, unterschrieben 14. Haben, gedacht 15. Hat, genannt

**S. 16/17 Ü 2**

1. Möchten 2. muss 3. Können 4. sollen (möchten) 5. soll (muss) 6. Möchten 7. kann 8. müssen 9. sollen (möchten) 10. brauchen 11. Magst, mag 12. möchten 13. Soll 14. müssen, kann 15. darf 16. sollten, konnte

**S. 17 Ü 3**

1. Sie sollten Frau Kühl um Rat fragen. 2. Sie sollten den Brief umgehend beantworten. 3. Sie sollten die Kunden zum Essen einladen. 4. Du solltest dich entschuldigen. 5. Du solltest die Fehler so schnell wie möglich verbessern. 6. Du

solltest zum Arzt gehen. 7. Sie sollten ein Taxi nehmen. 8. Sie sollten die Ergebnisse auf der nächsten Konferenz vorstellen.

### S. 18 Ü 4
1. müssen 2. soll 3. Soll 4. musst 5. sollen 6. müssen 7. soll 8. muss 9. soll 10. müssen

### S. 18 Ü 5
a) 1. Möchten Sie Ihren Mantel ablegen? 2. Möchten Sie heute Abend vielleicht ins Theater gehen? 3. Möchten Sie an diesem Kongress teilnehmen?
b) 1. möchten 2. möchten 3. möchtest 4. möchte

### S. 19 Ü 6
1. werde 2. möchten 3. wollen 4. möchte 5. möchte 6. werde 7. will 8. Möchten

### S. 19 Ü 7
1. brauchen 2. brauchst 3. darf 4. kann 5. können (werden) 6. brauchen 7. können (werden) 8. dürfen 9. mag 10. können

## Kapitel 2

### S. 21 Ü 1
2. c) Surinam H) SRG 3. k) Indien D) INR 4. m) die USA L) USD 5. h) Ungarn J) HUF 6. i) Japan G) JPY 7. a) Irak F) IQD 8. i) Polen I) PLN 9. d) Deutschland K) EUR 10. g) Mexiko B) MXP 11. b) China A) CNY 12. f) Ägypten M) EGP 13. e) Tschechien E) CZK

### S. 21 Ü 3
Konto eröffnen/haben, Schulden tilgen/machen/begleichen/haben/zurückzahlen/bezahlen, Kredit tilgen/haben/zurückzahlen/bekommen/aufnehmen, Rechnung begleichen/bezahlen, Geld machen/haben/überweisen/anlegen/verschwenden/bezahlen/sparen/wechseln/bekommen/abheben/einzahlen, Konkurs machen/anmelden, Raten überweisen/bezahlen/bekommen

### S. 22 Ü 4
1. überweisen 2. Konto 3. wechseln 4. anzulegen 5. aufgenommen, zurückzahlen 6. beglichen 7. Raten 8. Konkurs

### S. 22 Ü 1
2. d 3. e 4. a 5. g 6. c 7. f

### S. 23 Ü 3
1. fallen, sinken 2. steigen 3. hoch, niedrig 4. billig, preiswert, preisgünstig, teuer

### S. 25 Ü 1
das / die / der / das / das / der, das / das / das / der / das / das / die / die

### S. 25 Ü 2
1. der Ballen 2. die Schachtel 3. die Tube 4. der Lattenverschlag 5. die Trommel 6. die Holzkiste 7. die Dose 8. das Fass 9. der Karton

### S. 26 Ü 1
fob / frei Grenze / frei Haus / ab Werk / cif / frei Bahnhof (Ort)

### S. 27 Ü 1
Angegeben ist nur eine mögliche Frage. 1. Wie geht es Ihnen? 2. Können Sie mir die Artikelnummer nennen? 3. Welches Material haben Sie verwendet? 4. In welchen Farben ist das Produkt noch lieferbar? 5. Was ist der Preis? 6. Gewähren Sie auch Mengenrabatt? 7. Wo wird die Ware hergestellt? 8. Wie wird die Ware transportiert? 9. In welchen Behältern erfolgt der Transport? 10. Was für eine Lieferfrist haben Sie? 11. Wie ist die Lieferbedingung? 12. Wie lautet Ihre Telefonnummer? 13. Wie erhalten wir Ihr Angebot?

### S. 28 Ü 3
1. dem Liefertermin 2. der Qualität der Ware 3. der Verpackungsart 4. dem Material 5. den Zahlungsbedingungen 6. dem Gewicht 7. der Größe der Container 8. dem Grund der Lieferverzögerung 9. dem Ergebnis der Verhandlungen 10. der Arbeitsstelle von Frau Kunze 11. dem Inhaber/Eigentümer/Besitzer des Betriebes 12. der Entfernung der Lagerhallen vom Hauptgebäude

### S. 28/29 Ü 4
Angegeben ist nur eine mögliche Frage. 1. Was ist bitte die Versandadresse? 2. Wer ist unsere Kontaktperson? 3. Könnten Sie uns so schnell wie möglich eine Auftragsbestätigung schicken? 4. Aus welchem Material ist das Produkt? 5. Wie groß ist die Gesamtmenge? 6. Haben Sie den

Lieferschein nicht beigelegt? 7. Was ist die genaue Adresse des Kunden? 8. Könnten Sie mir bitte Ihre Aufragsnummer nennen? 9. Welche Qualität hat das Produkt? 10. In welchen Farben ist die Ware noch lieferbar? 11. Welche Transportart ist die günstigste? 12. Wie hoch ist der Preis? 13.Wann genau kommt der Vertreter Ihrer Firma?

### S. 29 Ü 5

an/am (Goethe-Institut), auf (dem Finanzamt), in/im (München/Krankenhaus)

### S. 29 Ü 6

1. arbeitete, bei , arbeitet, in, bei 2. arbeiteten, an, in 3. arbeitet auf 4. arbeiteten, auf 5. In, gearbeitet

### S. 30/31 Ü 1

das, die Angebote / die, die Konferenzen / die, die Sitzungen / die, die Wochen / das, die Ergebnisse / die, die Tätigkeiten / die, die Nummern / der, die Namen / der, die Transporte / der, die Termine / der, die Unterschiede / der, die Artikel / der, die Verträge / der, die Vorteile / das, die Einzelteile / die, die Anschriften / das, die Faxe (die Pluralform bezieht sich auf gesendete Dokumente, nicht auf Geräte) / die, die Zahlen / der, die Beträge / der, die Preise / der, die Prospekte / der, die Vorschläge / die, die Ideen / der, die Pläne / der, die Vertreter

### S. 31 Ü 2

1. den (die Pl) 2. die 3. den 4. Der, den 5. Die 6. das 7. der 8. den 9. der 10. den 11. der 12. der 13. das 14. die 15. Der 16. eine, das 17. Einen 18. Der 19. Der 20. Der

# Kapitel 3

### S. 33 Ü 2: Telefonieren 1

#### Dialog 1

A: Guten Tag, Johnson hier, Firma KTK Kopenhagen.
Ich hätte gern Frau Meier-Lehmann von der Verwaltung gesprochen.

B: Tut mir Leid. Frau Meier-Lehmann ist gerade zu Tisch.
Möchten Sie vielleicht eine Nachricht hinterlassen?

A: Ja. Könnten Sie ihr bitte ausrichten, dass sie umgehend mit Dr. May Kontakt aufnehmen soll.

#### Dialog 2

A: Guten Tag, Johnson hier, Firma KTK Kopenhagen.
Würden Sie mich bitte mit Herrn Krause von der Außenhandelsabteilung verbinden?

B: Tut mir leid. Herr Krause ist zur Zeit auf Dienstreise.
Kann ich Herrn Krause etwas ausrichten?

A: Könnten Sie ihm bitte ausrichten, dass die Verträge bei der Firma KTK angekommen sind.

#### Dialog 3

A: Guten Tag, Johnson hier, Firma KTK Kopenhagen.
Ich hätte gern Herrn Dr. Schinkel gesprochen.

B: Tut mir leid. Herr Dr. Schinkel ist für die nächsten zwei Stunden in einer Besprechung.
Möchten Sie vielleicht eine Nachricht hinterlassen?

A: Könnten Sie ihm bitte ausrichten, dass sein Rückruf dringend erwartet wird.

#### Dialog 4

A: Guten Tag, Johnson hier, Firma KTK Kopenhagen.
Würden Sie mich bitte mit Frau Angermann verbinden?

B: Tut mir leid. Frau Angermann ist für eine Woche im Urlaub.
Kann ich ihr etwas ausrichten, wenn sie wieder zurück ist?

A: Könnten Sie ihr bitte ausrichten, dass wir noch immer auf das Angebot warten.

#### Dialog 5

A: Guten Tag, Johnson hier, Firma KTK Kopenhagen.
Ich hätte gern Professor Kluge gesprochen.

B: Tut mir leid. Professor Kluge ist in einer Versammlung.
Möchten Sie vielleicht eine Nachricht hinterlassen?

A: Ja. Könnten Sie ihm bitte ausrichten, dass wir die Ergebnisse erhalten haben.

### Dialog 6

A: Guten Tag, Johnson hier, Firma KTK Kopenhagen.
Würden Sie mich bitte mit Frau Schön verbinden?

B: Tut mit leid. Frau Schön ist außer Haus.
Möchten Sie für Frau Schön eine Nachricht hinterlassen?

A: Könnten Sie ihr bitte ausrichten, dass leider alle Zimmer in Kopenhagen ausgebucht sind. Sie möchte uns bitte dringend zurückrufen.

### S. 35 Ü 2

1. Könnte ich Sie morgen anrufen? 2. Würden Sie bitte etwas langsamer sprechen. 3. Würden Sie bitte einen Augenblick warten. 4. Wäre es Ihnen möglich, nächste Woche nach Berlin zu kommen? 5. Unter gewissen Voraussetzungen wäre ich bereit, den Auftrag zu übernehmen. 6. Würden Sie bitte hier unterschreiben. 7. Es könnte sein, dass etwas dazwischenkommt. 8. Ich würde vorschlagen, wir treffen uns morgen.- Mir wäre übermorgen lieber. 9. Ich hätte da noch eine weitere Frage. 10. Im Prinzip müsste das durchzuführen sein.

### S. 36 Ü 4

1. wäre, würden, Wäre, müssten 2. Könnten 3. müsste, würde 4. wäre 5. Wären, müsste 6. Könnten, ließe 7. hätte, Könnte, Wäre, Könnten, Müsste

## S. 38 Übung: Telefonieren 2

### Dialog 1

A: ILEGO, guten Tag.

B: Jansen, Firma ATA, Rotterdam. Könnte ich bitte Herrn Griesbach sprechen?

A: Einen Augenblick bitte. Ich verbinde Sie.

*Pause*

C: Griesbach, guten Tag.

B: Jansen hier, Firma ATA Rotterdam.

C: Ach guten Tag, Herr Jansen. Wie geht es Ihnen denn?

B: Danke gut. Und Ihnen?

C: Auch gut. Was kann ich für Sie tun?

B: Ich rufe wegen unserer neuen Produkte an. Wir haben das Angebot des letzten Jahres um zwei ganz neue Produkte erweitert und die möchte ich Ihnen gern vorstellen.

C: Sehr gern. Wann möchten Sie denn kommen?

B: Ich bin am Dienstag, dem 5.1. in Deutschland. Wie wäre es mittags, um 12 Uhr 30?

C: Das tut mir leid. Da bin ich noch im Urlaub. Ich bin ab 10.1. wieder im Büro.

B: Gut, dann komme ich eine Woche später, also am 12.

C: Am 12.1., 12 Uhr 30 - ja, das ginge. Da hätte ich Zeit.

B: Prima. Dann sehen wir uns am 12. Januar, halb eins. Vielen Dank für das Gespräch. Einen schönen Urlaub wünsche ich Ihnen.

C: Ich danke Ihnen. Auf Wiederhören.

### Dialog 2

A: ILEGO, guten Tag.

B: De Mol hier, Firma ATA, ich hätte gern Frau Kleinschmidt gesprochen.

A: Am Apparat.

B: Guten Tag, Frau Kleinschmidt. Weshalb ich anrufe, ist Folgendes: Unsere beiden Firmen haben im letzten Monat zwei neue gemeinsame Projekte geplant, die jetzt in den Einzelheiten besprochen werden müssen. Mir wurde gesagt, dass Sie die zuständige Person für die Projekte sind.

A: Das ist richtig, Herr de Mol. Und Sie sind, nehme ich an, von Ihrer Firma beauftragt worden sich um die Projekte zu kümmern.

B: So ist es. Ich würde vorschlagen, dass wir einen Termin vereinbaren. Dann können wir uns in Ruhe über die Projekte unterhalten.

A: Ja, gut. Machen Sie einen Vorschlag.

B: Wie wäre es am 29.5., 14.00 Uhr?

A: Das ist ein Freitag, oder?

B: Ja, es ist ein Freitag.

A: Das tut mir schrecklich leid, wir haben jeden Freitagnachmittag unsere so genannte Wochenendbesprechung. Das heißt, ich muss alle anderen Termine auf Freitagvormittag legen. Und - ich sehe gerade in meinem Terminkalender - der 29. ist voll. Wie wäre es am Donnerstag, dem 28. Sagen wir 13.00 bis 15.00 Uhr?

B: Das wäre mir auch recht.

A: Dann sehen wir uns am Donnerstag, Herr de Mol. Haben Sie vielen Dank für Ihren Anruf.

B: Gern geschehen. Also, bis Donnerstag. Auf Wiederhören.

A: Auf Wiederhören.

## Dialog 3

A: ILEGO, Friederike Müller am Appararat.

B: Sanders, Firma ATA, Rotterdam. Würden Sie mich bitte mit jemandem verbinden, der für das Produktdesign zuständig ist?

A: Ja, das ist Frau Schürmann. Einen Moment bitte, ich verbinde Sie.

*Pause*

C: Schürmann.

B: Hier ist Sanders von der Firma ATA. Guten Tag, Frau Schürmann. Die Firma ILEGO stellt im Aufrag unserer Firma vier neue Produkte her und ich würde mich gern mit Ihnen über die Farben für diese Produkte unterhalten.

C: Um welche Produkttypen geht es genau?

B: Um A 13 , A 20 , B 13 und B 20.

C: Ah ja, möchten Sie zu uns kommen oder soll ich zu Ihnen kommen?

B: Ich kann zu Ihnen kommen, wenn Ihnen das recht ist.

C: Das wäre mir sehr recht. Wann passt es Ihnen denn?

B: Am Montag, dem 6. März, vormittags, das wäre mir am liebsten

C: Das tut mir sehr leid. An diesem Tag bin ich außer Haus.
Ginge es auch am Dienstag?

B: Dienstag, nein, der Dienstag geht nicht. Aber am Mittwoch, da hätte ich nachmittags Zeit.

C: Mittwochnachmittag habe ich eigentlich eine Besprechung, aber die kann ich verschieben. Sagen wir 15.00 Uhr?

B: Gut, Frau Schürmann. Ich komme am Mittwochnachmittag um 15.00 Uhr zu Ihnen.

C: In Ordnung. Vielen Dank für Ihren Anruf - und bis Mittwoch. Auf Wiederhören.

B: Auf Wiederhören.

## Dialog 4

A: ILEGO, guten Tag.

B: ILEGO, London, John Campbell. Ich würde gern Herrn Schneider von der Personalabteilung sprechen.

A: Einen Augenblick bitte.

*Pause*

C: Schneider hier. Guten Morgen, Herr Campbell.

B: Guten Morgen, Herr Schneider. Es geht um Folgendes: Bei uns werden in der nächsten Zeit zwei Direktorenposten, eine Sachbearbeiterstelle und die Pförtnerstelle frei, d.h. diese Stellen sind neu zu besetzen.

C: Das ist mir bekannt.

B: Wir würden uns ganz gern mit Ihnen über die Erhaltung und die Besetzung der Stellen unterhalten.

C: Ich hatte Ihren Anruf schon erwartet. Wir müssten bei dieser Gelegenheit auch noch über ein paar andere Personalfragen reden.

B: Dann komme ich am besten Anfang nächster Woche nach München.

C: Anfang nächster Woche bin ich in den USA. Ab Freitag stehe ich Ihnen gern zur Verfügung.

B: Gut, dann Freitag. Den genauen Zeitpunkt lasse ich Ihnen noch durchgeben. Er ist davon abhängig, welchen Flug ich buchen kann.

C: In Ordnung. Ich erwarte Sie nächsten Freitag.

B: Auf Wiederhören. Wir sehen uns in München.

C: Bis nächste Woche, Herr Campbell.

## Dialog 5

A: ILEGO, guten Tag.

B: Den Bos, guten Tag. Ich möchte bitte Herrn Kümmel sprechen.

A: Soweit ich weiß, ist Herr Kümmel nicht im Hause. Ich kann Sie aber mit seiner Sekretärin verbinden. Wie war Ihr Name nochmal?

B: Hugo den Bos von der Firma den Bos, Antwerpen.

A: Einen Augenblick bitte, ich verbinde Sie.

*Pause*

C: Gisa Waldmeister. Guten Tag, Herr den Bos. Womit kann ich Ihnen dienen?

B: Guten Tag, Frau Waldmeister. Ich wollte eigentlich Herrn Kümmel sprechen, aber wie ich hörte, ist er außer Haus.

C: Ja, das tut mir leid. Kann ich Ihnen nicht helfen?

B: Vielleicht doch. Es geht um eine Terminabsprache für die Planung des nächsten Jahres. Wie Sie vielleicht wissen, gibt es einige gemeinsame Projekte, an denen unsere Firmen beteiligt sind.

C: An welchen Termin hatten Sie denn gedacht?

B: Ich gehe davon aus, dass Herr Kümmel auch an der Konferenz am 16.4. teilnimmt. Nach der Konferenz wäre doch eine günstige Gelegenheit miteinander zu sprechen.
C: Ich weiß zufällig, dass Herr Kümmel für diesen Abend Opernkarten hat.
B: Oh, dann geht es natürlich nicht. Wann hätte Herr Kümmel denn Zeit?
C: Am 18.4. nachmittags, am 19.4. zwischen 10.00 und 12.00 Uhr oder am 20. April ab halb 3.
B: Der 19. würde mir gut passen.
C: Ja, Herr den Bos, dann schreibe ich Sie für den 19.4., 10.00 Uhr in Herrn Kümmels Terminkalender.
B: Haben Sie vielen Dank und auf Wiederhören.
C: Vielen Dank für Ihren Anruf. Auf Wiederhören, Herr Den Bos.

### Dialog 6

A ILEGO, guten Tag.
B: Hans Lang, ECO-Institut Delft, könnte ich bitte jemanden von der Marketingabteilung sprechen?
A: Worum geht es denn?
B: Wir hatten von Ihrer Firma den Auftrag bekommen, eine Marktanalyse des niederländischen Marktes anzufertigen.
A: Dann verbinde ich Sie mit Herrn Hohmann. Moment bitte.
*Pause*
C: Hohmann.
B: Hans Lang, ECO-Institut Delft. Sie hatten uns beauftragt eine Marktanalyse des niederländischen Marktes für Waschmittel zu erstellen.
C: Ja richtig. Sind Sie schon fertig?
B: Ja, erfreulicherweise sind uns die erforderlichen Daten schneller zugegangen, als wir erwartet hatten.
C: Das ist ja wirklich erfreulich. Und wie sieht es aus? Geben Sie der Einführung unseres Produktes eine Chance?
B: Ich denke, es sieht nicht schlecht aus, aber Genaueres würde ich Ihnen gern persönlich erläutern.
C: Selbstverständlich. Wann hätten Sie denn Zeit?
B: Wie wäre es heute in 14 Tagen?
C: Da bin ich auf der Leipziger Messe. Ein früherer Termin wäre mir sehr viel lieber.
B: Sie haben recht. Ginge es heute in einer Woche?
C: Das passt mir viel besser. Sagen wir 14.00 Uhr?
B: 14.00 Uhr ist gut.
C: Dann danke ich Ihnen für Ihren Anruf. Bis in einer Woche.
B: Ja, bis in einer Woche. Auf Wiederhören.
C: Auf Wiederhören.

### S. 39 Ü 1

Wir sehen uns: 1. am Wochenende 2. in 2 Jahren 3. (um) 12.30 Uhr 4. in der Mittagspause 5. im Urlaub 6. in der Besprechung 7. in ein paar Minuten 8. in einem Monat 9. am 13.4. (dreizehnten Vierten) 10. in einigen Tagen 11. (zu/an) Ostern 12. Mitte August 13. 1999 14. in einem halben Jahr 15. Ende des Monats

### S. 39 Ü 2

1. Wann 2. Wenn 3. wann 4. als 5. wenn 6. wann 7. Als 8. Wenn 9. Wann 10. Als 11. wenn 12. wann

## Kapitel 4

### S. 41/42 Ü 1

a) Angegeben ist nur eine von mehreren möglichen Antworten. 1. ATA Rotterdam, Sanders hier, könnte ich bitte Herrn Ehrlich sprechen? 2. Tut mir leid, Herr Ehrlich ist im Moment nicht im Hause. Soll ich ihm etwas ausrichten? 3. Am Apparat. 4. Wie war Ihr Name bitte? 5. Was kann ich für Sie tun? 6. Es handelt sich um Folgendes: ... 7. Könnten wir einen Termin vereinbaren? 8. Leider liegen mir diese Informationen im Moment nicht vor. Könnte ich Sie morgen zurückrufen? 9. Es tut mir leid, ich kann Sie sehr schlecht verstehen. Könnten Sie das bitte noch einmal wiederholen? 10. Oh, tut mir leid, ich habe mich verwählt. 11. Leider können wir solche Informationen nicht telefonisch weitergeben. Da müssten Sie sich an unsere Presseabteilung wenden. 12. Ich danke Ihnen für die Auskunft. 13. Ich danke Ihnen. 14. Ich möchte Ihre Zeit nicht länger in Anspruch nehmen. 15. Auf Wiederhören!

b) 1. hinterlassen 2. ausrichten 3. vereinbaren 4. wiederholen 5. wenden 6. benachrichtigen/informieren 7. nehmen 8. halten 9. kommen

## S. 42 Ü 2: Telefonieren 3

### Dialog 1

A: Schmidt und Krause, guten Tag.
B: Joop Bergen von der Firma COPA, Amsterdam. Ich hätte gern mit jemandem gesprochen, der mir ein paar Auskünfte über Farbdrucker geben kann.
A: Einen Moment bitte, ich verbinde Sie.
*Pause*
C: Himmelmeier, guten Tag.
B: Joop Bergen von der Firma COPA, Amsterdam. Ich hätte gern ein paar Auskünfte über Ihre Farbdrucker.
C: Ja, was genau möchten Sie denn wissen?
B: Ich habe mir Ihren Prospekt schon angesehen und ich interessiere mich für den Typ EX 100 und die neuere Version EX 200. Was genau ist der Unterschied zwischen den beiden?
C: Die neuere Version ist etwas kleiner, d. h., der Drucker benötigt weniger Platz, er arbeitet schneller und Sie haben mehr Bedienungsmöglichkeiten. Z. B. haben wir jetzt eine Extra-Pausentaste eingebaut, mit der Sie den Druckvorgang unterbrechen können.
B: Und der Preisunterschied, wie groß ist der?
C: Der Typ EX 100 kostet 499 Euro, Typ EX 200 kostet 599 Euro. Und noch etwas: Für den Typ 200 gibt es als Zubehör eine zusätzliche Papierkassette, die Sie z.B. für Briefpapier verwenden können. Die kann ich Ihnen zum Aktionspreis von nur 99 Euro anbieten.
B: Hm, wir brauchen 10 Stück. Gewähren Sie da Rabatt?
C: 10 Stück. Ja, da könnten wir Ihnen einen Rabatt von 5% gewähren.
B: Egal für welchen Typ?
C: Der Rabatt gilt für beide Versionen, die neuere und die ältere.
B: Wie lange sind die Lieferfristen?
C: Die Lieferzeit beträgt in der Regel 4 Wochen. Wir liefern frei Grenze.
B: Und die Zahlungsbedingungen?
C: Zwei Drittel des Betrags sind bei Lieferung zu zahlen, ein Drittel innerhalb von 30 Tagen nach Lieferung.
B: Hm. Haben Sie zunächst vielen Dank für die Informationen. Wir werden Ihr Angebot prüfen und melden uns dann wieder bei Ihnen.

### Dialog 2

A: Grünholz GmbH, Guten Morgen.
B: Haag, hier, Firma Ibus. Ich habe vor zwei Wochen Ihren Büromöbelkatalog erhalten. Leider konnte ich weder die Preise noch die Maße darin finden.
A: Die stehen auf einer Beilage. War die dem Katalog nicht beigelegt?
B: Nein.
A: Sollen wir Ihnen die Beilage nachschicken oder möchten Sie sich jetzt bei der zuständigen Sachbearbeiterin informieren?
B: Es wäre nett, wenn ich die Sachbearbeiterin sprechen könnte.
A: Einen Moment bitte, ich verbinde Sie.
*Pause*
C: Schreiner, guten Tag.
B: Haag, Firma Ibus, Brüssel. Ich hätte gern ein paar Informationen über Ihre Büromöbel.
C: Haben Sie unseren Katalog schon bekommen?
B: Ja, ja, den hab ich schon. Aber die Beilage mit den Preisen und Maßen fehlte.
C: Für welchen Artikel interessieren Sie sich denn?
B: Für die Schreibtische auf Seite 12.
C: Die Schreibtische *Pause* ja, hier haben wir sie. Die kosten ohne Beistelltisch 689 Euro. Der Beistelltisch kostet noch mal 299 Euro extra.
B: Das wären insgesamt 988 Euro, also knapp 1000 Euro. Und die Maße?
C: Die Maße sind 150 x 70. Die Höhe beträgt 75 cm. Der Beistelltisch kann auch unter den Schreibtisch geschoben werden. Er ist 50 cm hoch, 40 breit und 60 tief.
B: Danke. Wie sind die Zahlungs- und Lieferbedingungen?
C: Wo genau, sagten Sie, ist Ihre Firma?
B: In Brüssel.
C: Brüssel. Hm. Ins Ausland liefern wir frei Grenze, d. h., die Transportkosten ab Grenze gehen zu Ihren Lasten. Sie müssten den gesamten Betrag bei Lieferung zahlen, d. h. die Möbel und Ihren Teil des Transports.
B: Wir benötigen 20 Schreibtische. Gewähren Sie da auch Rabatt?

C: Rabatt können wir bei den niedrigen Preisen, die wir haben, nicht geben. Das werden Sie sicher verstehen.
B: Gut. Dann danke ich Ihnen erst mal für die Informationen und ich würde Sie doch noch bitten uns die Beilage zuzusenden.
C: Selbstverständlich. Ich glaube, wir haben Ihre Adresse in unserem Computer, Moment, ich kontrolliere das mal eben. Firma Ibus war das, aus Brüssel, ja, ich habe sie. Sie bekommen die Beilage umgehend zugeschickt.
B: Ich danke Ihnen für die Informationen.
C: Gern geschehen. Auf Wiederhören.
B: Auf Wiederhören.

### Dialog 3

A: Simpex, guten Tag.
B: Rossi, guten Tag. Könnten Sie mich mit Ihrer Verkaufsabteilung verbinden?
A: Moment bitte. Ich verbinde Sie.
*Pause*
C: Simpex, Müller, guten Tag.
B: Giovanni Rossi, guten Tag. Ich hätte gern ein paar Informationen von Ihnen.
C: Ja, worum handelt es sich?
B: Um Faxgeräte.
C: Haben Sie unseren Prospekt schon?
B: Ja, aber ich hätte da noch ein paar Zusatzfragen. Wie lange ist die Lieferzeit?
C: Das kommt darauf an, für welches Modell Sie sich interesssieren.
B: Das Modell F 300. Das ist doch mit Kopiermöglichkeit oder?
C: Ja, ja. Mit diesem Gerät können sie natürlich auch kopieren. Die Lieferzeit beträgt, Moment, 4 Wochen. Wir haben diesen Typ leider nicht auf Lager.
B: Das ist mir zu lange. Unser jetziges Gerät ist kaputt und wir brauchen dringend ein neues.
C: Auf Lager haben wir das Modell F100, das ist das einfachste und preiswerteste und außerdem das Modell F 500, das ist neben der Kopierfunktion auch noch mit Telefon und Anrufbeantworter ausgestattet.
B: Der Typ F 500 kostet 100 Euro mehr als F 300, stimmt das?
C: Ja, das ist richtig.
B: Wie ist das bei Ihnen mit der Wartung?
C: Sie haben 1 Jahr Garantie. Falls in diesem Jahr Probleme auftreten sollten, kommt unverzüglich und kostenlos ein Mechaniker zu Ihnen. Danach gehen die Reparaturen zu Ihren Lasten. Darüber hinaus bieten wir einen Extra-Wartungsvertrag an. Wenn Sie so einen Wartungsvertrag abschließen, kommt alle drei Monate ein Fachmann zu Ihnen ins Haus und überprüft das Gerät. Das kostet Sie etwa 80 Euro im Jahr.
B: Hm. Haben Sie erst mal herzlichen Dank für die Informationen. Wir werden das in der Firma noch einmal besprechen. Sollten wir uns zum Kauf entschließen, rufe ich Sie an. Wie war doch gleich Ihr Name?
C: Jutta Müller. Ich hoffe, ich konnte Ihnen weiterhelfen, Herr Rossi. Auf Wiederhören.
B: Auf Wiederhören.

## S. 43 Ü 3: Telefonieren 3

### Dialog 1

A: Hotel Rosengarten, guten Morgen.
B: Inge Maas, guten Tag. Was kostet bei Ihnen ein Zweibettzimmer?
A: Das kommt darauf an, wann Sie das Zimmer haben wollen. Der Normalpreis ist 120 Euro. Wenn Sie aber an einem Wochenende kommen wollen, brauchen Sie nur 80 Euro zu bezahlen. Das ist unser spezieller Wochenendtarif. Das Frühstück ist im Preis inbegriffen.
B: Wie sind die Zimmer ausgestattet? Mit Fernseher?
A: Selbstverständlich. Alle Zimmer verfügen über einen Fernseher mit Kabelanschluss, eine Minibar, einen Föhn und einen elektrischen Hosenbügler.
B: Wie weit ist das Hotel vom Bahnhof entfernt?
A: Es befindet sich gleich gegenüber.
B: Das ist ja wirklich günstig. Hätten Sie denn vom 18. bis 22. April noch ein Doppelzimmer frei?
A: Moment bitte. ... Ja, wir hätten da noch ein Zimmer für Sie. Das wäre dann von Montag bis Freitag, also 4 Übernachtungen.
B: Ja, 4 Übernachtungen.
A: Dürfte ich dann bitte Ihren Namen und Ihre Telefonnummer notieren?
B: Mein Name ist Maas, Martha, Anton, Anton, Samuel. Meine Telefonnummer ist 0031 - 70 - 34 78 78.

A: Das Zimmer ist für Sie reserviert, Frau Maas.
B: Haben Sie vielen Dank und auf Wiederhören.
A: Auf Wiederhören.

### Dialog 2

A: Fremdenverkehrsamt Leipzig, guten Tag.
B: Van Houten, guten Tag. Ich möchte gern ein paar Informationen über die kulturellen Veranstaltungen am 27. und 28. November.
A: Wofür genau interessieren Sie sich denn? Theater, Oper, Konzerte, Kino, Lesungen?
B: Ich interessiere mich für klassische Musik.
A: Da gibt es im Gewandhaus ein Konzert mit Kurt Masur als Gast-Dirigent am 27. November, 20.00 Uhr und in der Oper wird um 20.00 Uhr „Der Babier von Sevilla" aufgeführt. Das ist eine Premiere.
B: Gibt es für das Gewandhaus noch Karten?
A: Moment bitte. Nein, tut mir leid, die Veranstaltung ist ausverkauft.
B: Na, dann bleibt ja nur noch die Oper.
A: Ja, da sind noch Karten erhältlich. Möchten Sie Saal- oder Rangplätze?
B: Saalplätze bitte, wenn es geht in der Mitte.
A: Nein, das tut mir leid, wir haben nur noch ein paar Plätze im Saal rechts, Reihe 27.
B: Nein, da sieht man ja nichts. Dann lieber Rang. Was kosten die Plätze eigentlich?
A: Ich hätte noch Karten im Rang rechts, Reihe 4. Die Karte kostet 39 Euro.
B. Ja, könnten Sie zwei Karten für mich reservieren?
A: Würden Sie mir bitte noch einmal Ihren Namen sagen?
B: Van Houten.
A: Gut, Herr van Houten. Sie können die Karten an der Abendkasse abholen.
B: Vielen Dank, auf Wiederhören.
A: Auf Wiederhören.

### Dialog 3

A: Restaurant „Zum goldenen Anker", guten Tag.
B: Ja, guten Tag. Ich würde gern für heute Abend einen Tisch bestellen.
A: Für wie viele Personen bitte?
B: Für 6 Personen.
A: Für 6 Personen. Das geht in Ordnung. Auf welchen Namen geht die Reservierung?
B: Firma Expo. Mein Name ist Sekulski.
A: Gut, Herr Sekulski, der Tisch ist für Sie reserviert. Um welche Zeit können wir mit Ihnen rechnen?
B: Gegen acht.
A: Acht Uhr. Ich habe es notiert.
B: Vielen Dank. Bis heute Abend.
A: Ich habe zu danken. Auf Wiedersehen.

### S. 45 Ü 2

1. Vielen Dank für das Angebot. - Keine Ursache. 2. Ich danke Ihnen für das Fax. - Gern geschehen. 3. Ich möchte mich bei Ihnen für die schnelle Lieferung bedanken. - Bitte sehr. 4. Ich danke Ihnen für das Gespräch. - Ich danke Ihnen. 5. Ich weiß gar nicht, wie ich Ihnen für Ihre Unterstützung danken soll. - Wenn ich mal wieder was für Sie tun kann, lassen Sie es mich wissen. 6. Ich bedanke mich ganz herzlich für Ihren Besuch. - Es war mir ein Vergnügen. 7. Vielen Dank für die Informationen. - Nicht der Rede wert.

### S. 46 Ü 3

1.a) Dürfte ich Sie darum bitten, uns die Ergebnisse schnellstmöglich zuzusenden. b) Ich danke Ihnen für die schnelle Zusendung der Ergebnisse. 2.a) Dürfte ich Sie um etwas Geduld bitten. b) Ich danke Ihnen für Ihre Geduld. 3.a) Dürften wir Sie darum bitten, die Waren äußerst vorsichtig zu transportieren? b) Wir danken Ihnen dafür, dass Sie die Ware vorsichtig transportiert haben (für Ihre Vorsicht beim Transport). 4.a) Dürfte ich Sie darum bitten, die Gäste vom Bahnhof abzuholen? b) Ich danke Ihnen für das Abholen der Gäste. 5.a) Dürfte ich Sie um Verständnis für unsere Lage bitten? b) Ich danke Ihnen für Ihr Verständnis.

### S. 46/47 Ü 1

1. Ich besuche Sie morgen. 2. Ich hole Sie ab. 3. Ich habe Sie verstanden. 4. Ich informiere Sie sofort. 5. Ich erinnere Sie an den Termin. 6. Ich benachrichtige Sie sofort. 7. Ich habe es notiert. 8. Ich habe ihn schon unterschrieben. 9. Ich habe es erhalten. 10. Ich habe sie gesprochen. 11. Ich habe sie bekommen. 12. Ich kenne ihn schon. 13. Ich habe sie aufgeschrieben.

**S. 47/48 Ü 2**

1. Ja, ich erläutere Ihnen das Verfahren. Ja, ich erläutere es Ihnen. 2. Ja, ich zeige Ihnen die Maschine. Ja, ich zeige sie Ihnen. 3. Ja, ich faxe Ihnen die Preisliste sofort. Ja, ich faxe sie Ihnen sofort. 4. Ich teile Ihnen die Bestellnummer gleich mit. Ich teile sie Ihnen gleich mit. 5. Ich gebe Ihnen das Formular gleich. Ich gebe es Ihnen gleich. 6. Ich kann Ihnen das Ergebnis erklären. Ich kann es Ihnen erklären. 7. Ich kann Ihnen diese Frage (nicht) beantworten. Ich kann sie Ihnen (nicht) beantworten.

**S. 48 Ü 3**

1. Mit gefällt die Stadt sehr gut. 2. Ja, natürlich höre ich Ihnen zu. 3. Doch, wir sind uns (Sie sind mir) schon mal begegnet. 4. Danke, mir geht es gut. 5. Doch, selbstverständlich glaube ich Ihnen. 6. Danke, es schmeckt mir ausgezeichnet. 7. Ja, das Auto gehört mir. 8. Ja, der Versuch ist mir (uns) diesmal gelungen. 9. Ja, 6 Wochen Urlaub genügen mir. 10. Ja, mir fällt da eine bessere Lösung ein. 11. Ja, ich habe ihm schon geantwortet.

**S. 48/49 Ü 4**

1. Sie, Sie 2. Ihnen 3. Ihnen 4. Sie, Ihnen 5. Ihnen 6. Sie 7. Ihnen, Sie, Ihnen 8. Ihnen 9. Ihnen

**S. 49 Ü 5**

1. mir, mich 2. mir, mich, mir 3. mir 4. mich 5. mir 6. mich 7. mich 8. mir 9. mir, mir, mich

**S. 49/50 Ü 6**

1. Sie 2. Ihnen 3. Ihnen 4. mir 5. Sie 6. Ihnen 7. Sie 8. Ihnen 9. Sie 10. Ihnen 11. mir 12. Ihnen 13. mich 14. mich, Ihnen 15. mir

**S. 50 Ü 7**

1. Sie 2. Ihnen 3. Ihnen 4. Ihnen 5. Ihnen

**S. 51 Übung**

2. dem Kunden 3. des Kunden 4. -Kunde 5. -Kunden 6. den Lieferanten 7. des Lieferanten 8. Lieferanten 9. -es Lieferanten 10. -em Kollegen 11. -Kollege 12. -en Kollegen 13. -Kollegen 14. Kollegen 15. Kollege 16. Herr 17. Herrn 18. Herren 19. Herrn 20. Herren 21. Ihr Name 22. Namens 23. Ihren Namen 24. einem Namen

# Kapitel 5

**S. 56 Ü 1**

2. in Betracht kommen für 3. verfügen über 4. ausgeführt sein mit 5. etwas gewährleisten 6. Gebrauch machen von (z.B. Sonnenenergie/ Strom u.s.w.) 7. es handelt sich um 8. gebunden sein an 9. zu den Anwendungsmöglichkeiten gehören

**S. 57 Ü 2**

**Bestandteile:** arbeiten mit, ausgeführt sein mit, sich bedienen lassen mit/über, etwas enthalten
**Funktionsweise:** sich bedienen lassen mit/über, Gebrauch machen von, gebunden sein an
**Anwendungsmöglichkeiten:** etwas gewährleisten, vorgesehen sein für, sich einsetzen lassen als, sich anbieten für, verwendet werden als, zu den Anwendungsmöglichkeiten gehören

**S. 58/59 Ü 1**

1.a) Das Gerät kann mit einem nassen Tuch gereinigt werden. b) Das Gerät lässt sich mit einem nassen Tuch reinigen. 2.a) Der obere und der untere Teil des Geräts müssen miteinander verschraubt werden. b) Der obere und der untere Teil des Geräts sind miteinander zu verschrauben. 3.a) Das Gerät muss bei Aufleuchten der roten Lampe sofort ausgeschaltet werden. b) Das Gerät ist bei Aufleuchten der roten Lampe sofort auszuschalten. 4.a) Die Anlage kann auch zur Überwachung innerhalb des Hauses verwendet werden. b) Die Anlage lässt sich auch zur Überwachung innerhalb des Hauses verwenden. 5.a) Der Standort des Fahrzeuges kann den übermittelten Daten sofort entnommen werden. b) Der Standort des Fahrzeugs lässt sich den übermittelten Daten sofort entnehmen. 6.a) Der geregelte Funktionsablauf kann durch einen Kleinstrechner gesteuert werden. b) Der geregelte Funktionsablauf lässt sich durch einen Kleinstrechner steuern. 7a) Alle Bewegungen können mit Hilfe eingebauter Sensoren dokumentiert werden. b) Alle Bewegungen lassen sich mit Hilfe eingebauter Sensoren dokumentieren. 8.a) Dieses Bewässerungssystem kann besonders in Dürregebieten gezielt eingesetzt werden. b) Dieses Bewässerungssystem lässt sich besonders in Dürregebieten gezielt einsetzen.

### S. 59 Ü 2

1. Beide Drähte wurden miteinander verbunden. 2. Der Alarmknopf ist an der rechten Seite angebracht. 3. Um Unfälle zu vermeiden wurden zahlreiche Sicherheitsvorkehrungen eingebaut. 4. Die Tasten sind an den Auslöser gekoppelt. 5. Die neuen Sensoren wurden von unserer Firma entwickelt. 6. Die Steine wurden sorgfältig geschliffen. 7. Auch an den Sicherheitsschutz für Kinder wurde gedacht. 8. Das Material ist bereits zweimal vorgewaschen. 9. Die Bedienungsanleitung wurde nicht mitgeschickt.

### S. 60/61 Ü 2

1. lieber 2. preiswerter 3. Schneller 4. weiter 5. höher 6. Mehr 7. besser

### S. 61 Ü 3

höchste, beste, teuerste, nächste, späteste, schnellste, freundlichste, klügste, modernste, wichtigste, neu(e)ste

### S. 61 Ü 4

1. Je früher wir beginnen, desto eher sind wir fertig. 2. Je billiger wir produzieren, desto mehr Gewinn machen wir. 3. Je schneller wir liefern, desto zufriedener ist der Kunde. 4. Je früher wir das schaffen, desto besser wäre das. (Je früher, desto besser) 5. Je mehr Werbung wir machen, desto bekannter wird der Firmenname.

### S. 62 Ü 5

1. Das Auto fährt nicht nur schnell, sondern auch leise. 2. In der „Blauen Lagune“ ist das Essen sowohl gut als auch preiswert. 3. Da ist die Ware sowohl frisch als auch qualitativ hochwertig. 4. Er ist nicht nur kollegial, sondern auch fleißig.

### S. 62 Ü 6

1. spätestens 2. frühestens 3. höchstens 4. mindestens 5. mindestens 6. höchstens 7. frühestens 8. spätestens

### S. 63 Ü 7

Es sind nur einige mögliche Beispiele angegeben. 1. sicherer Schutz - unsichere Geldanlage/zweifelhafter Sieg 2. leichte Aufgabe - schwierige Übung/schwerer Karton 3. wertvoller Schmuck - wertlose Steine 4. stabile Preise - unstabile Währung/labiler Charakter/wackeliges Gerüst 5. außergewöhnliches Ereignis - durchschnittliche Qualität/alltägliche Probleme 6. preiswerter Fernseher - teure Jacke 7. kalorienarmes Essen - kalorienreiche Nahrung/fetthaltige Mahlzeit 8. fehlerfreier Brief - fehlerhafte Alarmanlage/man-
gelhafte Ware 9. pünktlicher Beginn - unpünktliche Zahlung/verspätete Lieferung 10. schnelles Auto - langsames Wachstum/träges Verhalten 11. leise Maschinen - laute Unterhaltung 12. hoher Baum - niedrige Preise/flacher Tisch

### S.63 Ü 8

1. In der Stadt geht es verkehrsreicher zu als auf dem Land. 2. Glas ist genauso zerbrechlich wie Porzellan. 3. Die Transportfirma Müller arbeitet zuverlässiger als die Transportfirma Schulze. 4. Das neue Gerät lässt sich einfacher bedienen als das alte Gerät. 5. Wasser ist kalorienärmer als Cola.

### S. 64 Ü 9

Es sind nur einige mögliche Beispiele angegeben. Der Anzug ist aus strapazierfähiger Baumwolle. Das ist ein Baumwollanzug. / Der Behälter ist aus zerbrechlichem Glas. Das ist ein Glasbehälter. / Das Produkt ist aus umweltfreundlichem Papier. Das ist ein Papierprodukt. / Die Schutzschicht ist aus stabilem Kunststoff. Das ist eine Kunststoff(schutz)schicht. / Der Schrank ist aus unbehandeltem Holz. Das ist ein Holzschrank.

## Kapitel 6

### S. 65 Ü 1

1. Mangel 2. Mängel 3. -mangel 4.Mängel 5. mangelhaft

### S. 66 Ü 2

1. der Art 2. der Qualität und Beschaffenheit 3. der Qualität und Beschaffenheit 4. der Qualität und Beschaffenheit 3. der Art und der Menge

### S. 67/68 Ü 4

2. höflich 3. höflich 4. höflich/neutral 5. höflich/neutral 6. neutral/direkt 7. direkt 8. direkt 9. direkt 10. direkt 11. dringlich 12. dringlich 13. dringlich 14. direkt 15. neutral 16. direkt 17. höflich/neutral 18. neutral 19. direkt 20. dringlich 21. dringlich

### S. 68 Ü 5

1. Ich muß Ihnen leider mitteilen, dass die Lieferung noch nicht eingetroffen ist. 2. Wir mussten zu unserem Bedauern feststellen, dass die Lieferung nicht vollständig war. 3. Vielleicht ist Ihnen entgangen, dass die Rechnung noch nicht bezahlt worden ist. 4. Darf ich Sie daran erinnern, dass die letzten zwei Raten von Ihnen noch nicht gezahlt wurden? 5. Ich wollte Sie nur darauf aufmerksam machen, dass die Rechnung einen Fehler enthält. 6. Die Freundlichkeit Ihres Personals lässt doch sehr zu wünschen übrig.

### S. 69 Ü 6

1. bemerkt, beglichen 2. entgangen 3. überweisen 4. beschädigt 5. feststellen 6. entstanden 7. umtauschen, gewähren 8. vermeiden 9. gebracht 10. vorschlagen 11. erstatten

### S. 69 Ü 1

1. Der Direktor hätte die Maßnahmen begründen müssen. 2. Herr Schmitz hätte sich entschuldigen müssen. 3. Frau Obermeister hätte das wissen müssen. 4. Er hätte das Kleingedruckte lesen müssen.

### S 70. Ü 2

1. Der Brief hätte ordnungsgemäß frankiert werden müssen. 2. Die Ware hätte kontrolliert werden müssen. 3. Herr Lang hätte über die Terminänderung informiert werden müssen. 4. Die Anfrage hätte schon längst beantwortet werden müssen. 5. Die Rechnung hätte schon längst bezahlt werden müssen. 6. Die Löhne hätten gezahlt werden müssen.

### S. 70 Ü 3

1. Die Forschungsergebnisse hätten nicht verheimlicht werden dürfen. 2. Die Unterlagen hätten nicht vernichtet werden dürfen. 3. Der Referent hätte nicht immer wieder unterbrochen werden dürfen. 4. Die Konstruktionszeichnung hätte nicht der Konkurenz zugeschickt werden dürfen. 5. Die Preise hätten nicht erhöht werden dürfen.

### S. 71 Ü 1

2. Wenn Sie die Waren nicht umtauschen, werden wir einen Preisnachlass fordern. 3. Wir bitten Sie dringend die Rechnung zu begleichen, sonst werden wir uns gerichtliche Schritte vorbehalten. 4. Wir bitten Sie dringend, uns einen Mechaniker zu schicken, sonst werden wir Schadenersatz verlangen. 5. Wir bitten Sie dringend, uns eine Preisänderung mitzuteilen, sonst werden wir uns nach anderen Partnern umsehen. 6. Wenn Sie den Fehler nicht umgehend beheben, dann bekommen wir Terminprobleme. 7. Wenn Sie den Auftrag nicht bis zum 30. des Monats erledigen, dann erbitten wir uns einen längeren Zahlungstermin.

### S. 71 Ü 2

1. Sollten Sie mit den Vorschlägen nicht einverstanden sein, lassen Sie es uns rechtzeitig wissen. 2. Sollten Sie andere Etiketten wünschen, müssen Sie mit einer Verzögerung rechnen. 3. Sollten Sie mit dem Ersatzartikel nicht einverstanden sein, rufen Sie uns bitte an. 4. Sollten sich die Lieferschwierigkeiten wiederholen, werden wir die Geschäftsbedingungen prüfen. 5. Sollte das Interesse nicht groß genug sein, müssen wir ein anderes Angebot machen. 6. Sollte es Probleme mit dem Transport geben, benachrichtigen Sie uns bitte sofort. 7. Sollten Sie die Rechnung nicht bis zum 3.4. begleichen, werden wir gerichtliche Schritte in Erwägung ziehen.

### S. 74 Übung b)

#### Dialog 1

A: Schmidt und Krause, Guten Tag.

B: Joop Bergen, Firma COPA, Amsterdam. Ich hatte bei Ihnen zehn Farbdrucker mit einer zusätzlichen Papierkassette bestellt und Sie haben nur die Drucker geliefert, die Kassette war nicht dabei.

A: Bei wem hatten Sie die Bestellung aufgegeben?

B: Tut mir leid, das weiß ich nicht mehr.

A: Ich verbinde Sie mal mit Frau Himmelmeier.

B: Ja. Himmelmeier, so hieß die Dame.

*Pause*

C: Himmelmeier, guten Tag.

B: Joop Bergen hier, Firma COPA, Amsterdam. Ich hatte bei Ihnen zehn Farbdrucker mit einer zusätzlichen Papierkassette bestellt. Die sind auch pünktlich vor drei Tagen angekommen, aber Sie haben diese Kassetten nicht mitgeliefert. Wir brauchen diese Kassetten aber, um auf unser Briefpapier zu drucken, ohne dass wir ständig das Papier wechseln müssen.

C: Ja, Herr Bergen, ich erinnere mich an Ihre Bestellung. Die Kassetten kommen in einer separaten Verpackung. Haben Sie mal nachgesehen, ob diese Kartons vielleicht irgendwo anders in Ihrer Firma gelandet sind?

B: Natürlich haben wir genau geschaut. So etwas ist ja nicht so einfach zu übersehen.

C: Ich wollte Ihnen nicht zu nahe treten, Herr Bergen. Es ist halt schon mal vorgekommen, dass Kartons verwechselt wurden.

B: Das ist aber nicht der Fall. Die Kassetten sind nicht bei uns angekommen.

C: Gut. Ich schaue mal im Computer nach, was da los ist.

C: Herr Bergen, es tut mir sehr leid, die Kassetten sind noch nicht an Sie losgeschickt worden. Es gibt da wohl einen Lieferengpass – und man hat wohl vergessen, Ihnen das mitzuteilen.

B: So? Und wann – kann ich mit der Lieferung rechnen.

C: Ich schätze, in drei Wochen müssten sie bei Ihnen sein.

B: Waaaas?!!! In drei Wochen? Geht das nicht etwas schneller?

C: Herr Bergen, ich werde mein Bestes für Sie tun, aber ich habe ...

B: ... und wir haben unsere Arbeit. Ohne die Kassetten sind die Drucker für uns nur die Hälfte wert. Ich erwarte Ihre Lieferung in spätestens einer Woche.

C: Ich verstehe Ihre Verärgerung, Herr Bergen. Ich werde dafür sorgen, dass Ihre Firma als erste beliefert wird, sobald die Kassetten wieder auf Lager sind. Aber versprechen kann ich leider nichts.

B: Ich hoffe sehr, dass wir keine drei Wochen mehr warten müssen, Frau Himmelmeier.

C: Ich werde mich persönlich darum kümmern.

B: Gut. Ich verlasse mich dann auf Sie. Auf Wiederhören.

C: Auf Wiederhören, Herr Bergen.

## Dialog 2

A: Grünholz GmbH, guten Morgen.

B: Haag hier, Firma Ibus. Ich habe bei Ihnen Schreibtische bestellt und möchte zwei davon reklamieren.

A: Moment bitte, ich verbinde Sie mit der Reklamationsabteilung.

*Pause*

C: Schulze, guten Morgen.

B: Haag hier, Firma Ibus. Wir hatten bei Ihnen 20 Schreibtische bestellt, die sind letzte Woche geliefert worden. Jetzt, beim Einrichten der Büros haben wir festgestellt, dass zwei Schreibtische an der Seite große, sichtbare, ja ins Auge fallende Kratzer haben.

C: Könnten Sie mir bitte Ihre Auftragsnummer nennen?

B: Die Nummer ist 185 632.

C: Danke. Ja, die Firma Ibus aus Brüssel. 20 Schreibtische. Zwei davon haben Kratzer, sagten Sie?

B: Ja, nicht zu übersehende. Wir gehen davon aus, dass wir entweder einen beträchtlichen Preisnachlass bekommen oder eine Ersatzlieferung, das heißt, zwei neue Schreibtische.

C: Vermutlich sind die Schäden beim Transport entstanden. Normalerweise schicken wir einen Sachverständigen, der die Größe des Schadens beurteilt. Erst dann können wir entscheiden, wie wir die Mängel beheben können.

B: Damit sind wir einverstanden. Schicken Sie uns einen Sachverständigen. Wann wäre das genau, wann würde der kommen?

C: Das kann ich Ihnen im Moment noch nicht sagen. Wir müssen auch noch mit dem Transportunternehmen Rücksprache halten. Wenn der genaue Termin feststeht, geben wir Ihnen Bescheid.

B: Gut. Vielen Dank. Auf Wiederhören.

C: Auf Wiederhören.

## Dialog 3

A: Simpex, guten Morgen.

B: Giovanni Rossi hier. Ich möchte bitte Frau Müller sprechen.

A: Moment, bitte.

*Pause*

C: Simpex, Müller, guten Morgen.

B: Guten Morgen, Frau Müller. Hier ist Giovanni Rossi.

C: Ja guten Morgen, Herr Rossi. Was kann ich für Sie tun?

B: Ich habe bei Ihnen vor einem halben Jahr ein Faxgerät gekauft. Dieses Gerät ist bereits zum dritten Mal kaputt.

C: Was heißt kaputt?
B: Kaputt heißt, es funktioniert nicht. Es versendet keine Faxe und es kommen keine Faxe an!
C: Aber das Telefon und der Anrufbeantworter gehen?
B: Ich habe dieses Gerät nicht als Telefon, sondern als Faxgerät gekauft!!!
C: Nun beruhigen Sie sich doch bitte, Herr Rossi. Hatten Sie einen Wartungsvertrag abgeschlossen?
B: Ja, und wir haben schon zweimal einen Mechaniker im Haus gehabt und trotzdem ist das Gerät wieder kaputt.
C: Das kann ich mir gar nicht erklären. Normalerweise passiert so etwas bei unseren Geräten nicht. Das tut mir sehr leid, Herr Rossi, dass Sie jetzt solche Unannehmlichkeiten haben.
B: Das hilft mir jetzt auch nicht weiter. Ich würde vorschlagen, dass Sie das Gerät umtauschen.
C: Könnten Sie mir Ihre Auftragsnummer nennen?
B: Die Auftragsnummer ist 005 236.
C: 005 236. Gut. Ich werde mich um eine Lösung bemühen. Ist es Ihnen recht, wenn ich Sie morgen zurückrufe? Gegen 15 Uhr?
B: Ja ist gut. Ich erwarte dann morgen Ihren Anruf.
C: Auf Wiederhören, Herr Rossi.
B: Auf Wiederhören.

### S. 74 Ü 1

1. Wir können leider keine Auskuft geben, denn die Informationen liegen uns noch nicht vor. 2. Wir können nicht liefern, denn diese Artikel werden nicht mehr hergestellt. 3. Wir können leider zur Zeit niemanden zur Reparatur schicken, denn alle Mitarbeiter des Kundendienstes sind im Einsatz. 4. Die Autos sind leider in gelb nicht mehr lieferbar, denn die Farben haben sich im letzten Jahr geändert. Es sind nur noch weiß und blau im Angebot. 5. Leider können wir noch keine Zusage machen, denn wir müssen erst die Vertragsbedingungen prüfen. 6. Wir können noch keine Preisangaben machen, denn die Preise müssen neu kalkuliert werden.

### S. 75 Ü 2

1. Leider haben wir selbst erst vor kurzem von der Preisänderung erfahren, deshalb konnten wir Sie noch nicht unterrichten. 2. Die Untersuchungen waren noch nicht ganz abgeschlossen, deshalb konnten wir Ihnen die Ergebnisse noch nicht mitteilen. 3. Wir haben sie ganz kurzfristig anberaumt, deshalb war eine zeitigere Ankündigung nicht möglich. 4. Ein Mitarbeiter von uns ist leider über diese Verabredung nicht informiert worden, deshalb hat er über die Preise gesprochen. 5. Wir haben im Moment noch so viele Außenstände, deshalb konnten wir die Rechnung leider noch nicht bezahlen. 6. Zwei unserer Mechaniker haben die Grippe, deshalb haben wir Terminschwierigkeiten. 7. Wir standen zwei Stunden im Stau, deshalb konnten wir den Termin nicht einhalten.

### S. 76 Ü 1 a)

2. Angebot 3. Auftrag 4. Auftragsbestätigung 5. Lieferung 6. Lieferschein 7. Rechnung 8. Bezahlung

### S. 77 Ü 3

1. uns geeinigt 2. uns einig 3. einverstanden 4. zugestimmt 5. sich einigen 6. sich einig 7. übereingekommen 8. abgelehnt 9. vereinbart 10. sich einigen

## Kapitel 7

### S. 84 Ü a)

Z.24: nützlich sein Z.34: besprechen Z.36: planlos beginnen zu arbeiten Z.38: Einigung besteht Z.42: sichtbar dargestellt Z.42: die Leitlinie Z.64: sollte Z. 74: sich etwas vorstellen können Z. 85: eine bestimmte Richtung vorgebend Z. 88: verstanden und mitverantwortet Z. 93: jemand glaubt, alles besser zu wissen Z.102: zu lange und nicht konstruktiv über etwas reden Z. 114: mit großer Genauigkeit

### S. 85 Ü 1

1. bitten, melden 2. ergreifen 3. haben 4. abschneiden, fallen 5. erteilen

**S. 85/86 Ü 2**

1. stellt an 2. setze in 3. stellen in 4. setzen in 5. stehe in 6. setzen sich in 7. stellte zur 8. sich zum (Ziel) gesetzt 9. stellte 10. steht zur 11. zur (Diskussion) stellen 12. stehen zur 13. zur (Verfügung) stellen 14. setzt unter 15. unter (Druck) stehen 16. stellen in 17. stehen

**S. 86 Ü 3**

1. ins Vertrauen 2. zum Abschluss 3. in Zweifel 4. in Streit 5. in Erwägung 6. in Betracht 7. zur Verantwortung 8. auf einen Gedanken 9. zur Sprache

**S. 87 Ü 4**

a) Maßnahmen treffen, Rücksicht nehmen, Stellung nehmen, Kosten tragen, eine Rolle spielen, Widerstand leisten

b) 1. Die Regierung trifft Maßnahmen zur Bekämpfung der Arbeitslosigkeit. 2. Man sollte auf seine Kollegen Rücksicht nehmen. 3. Der Betriebsrat nimmt zum Konzeptionsvorschlag des Vorstandes Stellung. 4. Wir tragen die Kosten des Transports. 5. Das Engagement jedes Einzelnen spielt für den Erfolg eines Unternehmens eine große Rolle. 6. Ein Teil der Bevölkerung leistet gegen die Pläne der Regierung Widerstand.

# Anhang

**S. 101/102 Großer Wortschatztest**

1. erkundigen/informieren 2. Bescheid/ Nachricht 3. ausrichten 4. vereinbaren/machen/verabreden/ausmachen, hätten Sie Zeit/passt es Ihnen/ginge es bei Ihnen/könnten wir uns treffen o.ä. 5. ist richtig/stimmt, Urlaub/einen freien Tag/eine Besprechung in Köln o.ä. 6. Vorschlag 7. Wichtige/Wesentliche 8. bestätigen/mitteilen 9. Laufenden 10. erledigt/in Ordnung gebracht, wäre sehr nett von Ihnen/würde mich freuen o.ä. 11. rechtzeitig/termingerecht/pünktlich, Schwierigkeiten/Probleme. 12. verschieben/absagen/ändern 13. einhalten/verlängern/verkürzen 14. einigen 15. gesenkt/verringert/niedriger, Rabatt/Preisnachlass 16. sofortigen/prompten/baldigen Zahlung/Bezahlung/Begleichung der Rechnung, gerichtliche Schritte einzuleiten/gerichtliche Schritte in Erwägung zu ziehen/ein Inkassobüro einzuschalten/alle weiteren Lieferungen einzustellen o.ä. 17. zahlen/bezahlen/begleichen 18. geben/gewähren 19. versprochen, Grund, Verzögerung 20. Entschuldigung/Verzeihung, Fehler/Irrtum, unangenehm/peinlich 21. gehalten 22. angenommen/akzeptiert/abgelehnt 23. Ihrer/anderer 24. stehen, Punkte/Tagesordnungspunkte/Themen/Probleme 25. erteilen/geben

# Quellenverzeichnis

Seite 10/11: Text aus: John Mole, Euro-Knigge für Manager. Campus Verlag, Frankfurt, 1992

Seite 25: Abbildungen von Paul Netzer, Graphik Design, Berlin

Seite 54/55: Text aus einer Werbebroschüre von Siemens Nederland N.V., Den Haag

Seite 82/83: Text von Josef W. Seifert aus: ManagerSeminare, Ausgabe 12/93, Bonn

Seite 88-91: Globus-Kartendienst, Hamburg